ORBIS TERRARUM

ISFAHAN

Spiegel des Paradieses

© 1976 Editions SIGMA, Genf
Alle deutschen Rechte: Atlantis Verlag, Zürich und Freiburg i. Br.

HENRI STIERLIN

ISFAHAN

Spiegel des Paradieses

Vorwort
von
Henry Corbin

ATLANTIS

Vom gleichen Verfasser und Photographen
sind bereits erschienen

„Maya", Text mit 84 Photos, Reihe „Architektur der Welt", Office du Livre, Fribourg 1964

„Ägypten", 84 Photos, Text von Jean-Louis de Cénival, Reihe „Architektur der Welt", Office du Livre, Fribourg 1964

„Griechenland", 84 Photos, Text von Roland Martin, Reihe „Architektur der Welt", Office du Livre, Fribourg 1966

„Das alte Mexiko", Text mit 84 Photos, Reihe „Architektur der Welt", Office du Livre, Fribourg 1967

„L'Image Témoin", Essay über die Bedeutung des Bildes in der menschlichen Gesellschaftsordnung, Lausanne 1967

„Angkor", Text und 84 Photos, Reihe „Architektur der Welt", Office du Livre, Fribourg 1970

„Iran, der Baukünstler", Text und 60 Photos, Editions Sigma, Genf 1971

„La Vérité sur l'Apocalypse", Versuch einer Rückkehr zu den griechischen Urtexten; Editions Buchet-Chastel, Paris 1972

„Notre-Dame de Lausanne, Cathédrale bourguignonne", 60 Photos, Editions du Grand-Pont, Lausanne 1975

„Edfou et Philae, Derniers Temples d'Egypte", Text in Zusammenarbeit mir Serge Sauneron, 70 Photos; Editions du Chêne, Paris 1975

„Mosquées, Grands courants de l'Architecture islamique", Text von Ulya Vogt-Göknil; Einleitung und 45 Photos; Editions du Chêne, Paris 1975

*„Ich bin die Stadt des Wissens,
und Ali ist ihr Tor"*

Aufbau des Werkes

A. Text

Kapitel I	Die islamische Kultur im Iran
Kapitel II	Die persische Stadtplanung
Kapitel III	Struktur und Raumgefüge der persischen Moschee
Kapitel IV	Vom Ziegel zur persischen Ornamentik
Kapitel V	Struktur und Dekor
Kapitel VI	Die Moschee als Abbild des Paradieses

B. Illustrationen

Nach einigen Gesamtaufnahmen der Stadt werden die wichtigsten Bauten Isfahans in chronologischer Folge vorgestellt, und zwar vom architektonischen Gesamtwerk ausgehend bis zum baulichen und ornamentalen Detail. Es handelt sich um

      a) die Freitagsmoschee
      b) die Moschee Scheich Lotfallah
      c) die Königsmoschee
      d) die Medrese von Schah Sultan Husain

C. Bildtexte

Zu jeder Illustration befindet sich der erklärende Text entweder direkt auf der ihr gegenüberliegenden Seite oder, im Falle doppelseitiger Illustrationen, auf der jeweils vorangehenden bzw. folgenden Textseite, so dass jedes Bilddokument seine volle optische Aussage bewahrt.

Aus dem Französischen übertragen von Hanna Wulf
Das Vorwort von Henry Corbin wurde
von Dr. habil. Karl Epting übersetzt
Graphische Gestaltung von Henri Stierlin
Pläne und Aufrisse von José Conesa, Architekt

Deutsche Ausgabe: Atlantis Verlag,
       Zürich und Freiburg im Breisgau
Satz und Druck: Imprimeries Réunies S.A., Lausanne
Fotolithos: Fotolito Europa, Mailand
Einband: Mayer & Soutter S.A., Renens
ISBN 3 7611 0498 7
Printed in Switzerland

Vorwort
Städte als Sinnbilder

Der *Parmenides* gilt als einer der schwierigsten Dialoge Platons; und nur Proklos, dem tiefgründigsten Metaphysiker der platonischen Schule, ist es in seinem grossen Kommentar gelungen, die Inszenierung und Dramaturgie des Textes zu durchdringen, dadurch, dass er ihre symbolischen, unter dem Ursprung der Personen, der Folge ihres Auftretens und dem Ort ihrer Begegnung verborgenen Zielsetzungen enthüllte: Athen.

Wir kennen auf der einen Seite Philosophen der jonischen Schule; sie stammen aus Klazomenä. Die Philosophen dieser Schule studierten die Natur und die Werke der Natur nach allen Richtungen hin, aber kümmerten sich nur wenig um die geistigen Wesen, die „intelligiblen und intelligierenden Substanzen". Wir kennen weiterhin Philosophen der italischen Schule, die in besonderer Weise durch Parmenides und Zenon repräsentiert wird. Die Philosophen dieser Schule beschäftigten sich ausschliesslich mit Dingen, die die intelligiblen Vorstellungen betreffen. Zwischen beiden Schulen hält die attische Schule die Mitte: sie fasste unter dem Anstoss durch Sokrates und Plato Bemühungen der beiden anderen Schulen zusammen. Jonien wird so zum Symbol der Natur; Italien zum Symbol der intelligierenden Substanz; Athen zum Symbol der mittleren Substanz, durch deren Vermittlung die erweckten Seelen aus der Welt der Natur zur Welt des *Noûs*, der Intelligenz, emporsteigen. Es ist deshalb auch Athen, — und darin liegt das tiefe Symbol —, in dem sich die Philosophen aus Jonien, die ihre physischen Erkenntnisse, und die Philosophen aus

Italien, die ihr Wissen um die intelligiblen und intelligierenden Substanzen beibringen, begegnen; denn so wie die physischen Vorstellungen durch die Vermittlung der psychischen an den intelligiblen teilhaben, macht die Dramaturgie des platonischen Dialogs durch die Vermittlung der attischen Schule die jonischen Philosophen mit der Philosophie der italischen Schule bekannt und lässt diese der kontemplativen Philosophie und der mystischen Schau teilhaftig werden.

Die Klazomenier stehen hier gleichsam für die Seelen, die auf diese Welt herabgestiegen sind, die jedoch der Hilfe der ihnen in der Hierarchie des Seins benachbarten *Daimonen* bedürfen. Sie geben deshalb ihre Behausung, den Körper, auf. Sie wandern aus nach Athen, weil es ihr gütiges Geschick ist, Objekt der Fürsorge der Athena zu sein. Sie machen sich auf den Weg, um von der Unwissenheit zum Wissen, von der *Agnosia* zur Gnosis zu gelangen. Das ist die Bedeutung von Athen: die pilgernden Philosophen kommen nicht dorthin, um prunkvolle Reden zu halten, sondern um am Fest der *Panathenäen* teilzunehmen; oder genauer: sie kommen nicht nach Athen, sondern zum Fest der *Panathenäen*. Sie kommen der Göttin wegen, deren in der *theoria* oder der Prozession des Panathenäenfestes mitgeführter Schleier den Sieg birgt über die das Chaos entfesselnden Riesen und Titanen. Es ist ja gerade das Ziel des *Parmenides*, alle Dinge mit dem Einen zu verbinden und zu zeigen, dass jedes Ding aus ihm hervorgeht. Die ganze Symbolik der Dramaturgie des Dialogs wird denn auch durch Proklos ans Licht gebracht: die Zahl der Personen, die nacheinander ihre Begegnung vollziehen, der Übergang von der Vielheit zur Zahl zwei, und von da zum Einzig-Einen. Jeder hat seine Rolle, jeder steht als Gestalt für einen Grad des Vermögens oder einen Augenblick im Wiederaufstieg der Seelen zu den göttlichen Welten. Für solche Personen bedeutet nach Athen kommen, zum Fest der Panathenäen zu kommen: denn das Kommen zu den Panathenäen will heissen, dass sie wissen, dass die Schlacht der Riesen, über die die Göttin den Sieg erringt, in den Seelen geschlagen wird. Die Panathenäen sind es, die die Philosophen an einem Ort, der nicht mehr der Topographie der diesseitigen Welt angehört, zusammenführen: Athen ist eine *sinnbildliche Stadt*.

Folgen wir nun einem anderen Weg: nicht mehr dem Weg, der die Philosophen zu den Panathenäen führt, sondern jenem, den jahrhundertelang die Pilger von Santiago de Compostela gegangen sind. Im vierzehnten Jahrhundert unternimmt der grosse Alchimist

Nicolas Flamel die Pilgerfahrt, so wie die Philosophen von Klazomenä nach Athen gepilgert waren. Er nimmt Rock und Stab des Pilgers, macht sich auf den Weg, aber erst nach seiner Rückkehr, — nachdem er den mystischen Segen des Apostels Jakob empfangen hat, — ist er in der Lage, das Buch der hieroglyphischen Zeichen Abrahams des Juden zu entschlüsseln. Die Pilgerschaft nach Compostela ist in Wahrheit die symbolische Beschreibung der Vorbereitung auf den Stein. Der Alchimist ist ein Pilger, sein ganzes Suchen ist eine Pilgerschaft, eine symbolische Reise, die sich in seinem Bet- und Werkraum, den er nicht einen Augenblick verlassen kann, vollzieht. Tag und Nacht muss er über dem Gefäss wachen und das Feuer unterhalten. Nach der authentischen, auf Jâbir ibn Hayyân zurückgehenden Tradition, besteht das alchimistische Werk darin, dass es das Verborgene aus der Verborgenheit herausführt, indem es das zu Tage Liegende in die Verborgenheit überführt, ein aus der Verborgenheit Herausführen, das sich zu allererst im Alchimisten selbst vollzieht. Es ist die gleiche Vorbereitung, den die Überführung des gewöhnlichen Quecksilbers in das Quecksilber der Weisen verlangt. Der Übergang befindet sich in Compostela, aber in einer Stadt Compostela, die nicht mehr auf spanischem Boden gelegen ist, sondern in dem verborgenen Land, welches das innerste Wesen des alchimistischen Philosophen ist. Compostela ist eine *sinnbildliche Stadt.*

Ohne Zweifel ist es eben dieser Weg des Hl. Jakob, der die verschiedenen Städte, die Sinnbilder sind, miteinander in Verbindung bringt; denn wer diesem Weg folgt, entdeckt den Geist, die verborgene Bedeutung, für die ein Körper oder ein Gebäude nur der gestalthafte Ausdruck ist. Deshalb kann es dem Leser auch geschehen, dass er bei der Lektüre der prophetischen Gedichte von William Blake, in dem verwirrenden Durcheinander unbekannter Welten und dem Herumwirbeln von Himmeln und Planeten mit seltsamen Namen, plötzlich Plätzen mit vertrauten Namen begegnet, die in die mystischen Welten eingeflochten sind. Unter der Erscheinung des täglichen London entdeckt William Blake ein London, das wirklicher ist, als das unseren natürlichen Augen sichtbare und das dieses erklärt. Von nun an verwandeln sich alle Ortsveränderungen von einem Stadtviertel zum andern, von einem geographischen Ort zum andern, in geistige Wegstrecken, die ebensoviele Eroberungen des *mundus imaginalis* darstellen. Denn den verschiedenen Orten entsprechen jeweils verschiedene visionäre Erfahrungen, wobei jeder Ort sozusagen seine eigene visionäre

Berufung hat. Eine Gesamtheit solcher Orte bildet eine sinnbildliche Stadt, und die Städte, die Sinnbilder sind, stehen miteinander in Verbindung. So wird die Überlagerung der beiden Städte London und Jerusalem, in dem grossen Gedicht „Jerusalem, Emanation des Riesen Albion", *bildhafte Gestalt* in der Stadt Golgonooza. Kraft der visionären Berufung jedes einzelnen Ortes bedeutet jedes Wort der Bibel eine lebendige und gegenwärtig wirksame Botschaft. In diesem Sinne erlaubt der Stadtplan von Jerusalem die Entschlüsselung des Stadtplans von London. Allerdings handelt es sich hier um die Kartographie des *mundus imaginalis*. In diesem Zusammenhang sind London und Jerusalem *sinnbildliche Städte*.

Im *Parmenides* des Platon war Athen für Proklos eine Stadt des Sinnbilds der Zwischenwelt, der Ort der Begegnung zwischen Philosophen der Natur und Philosophen der Ideen. Für Nicolas Flamel war die Stadt des Sinnbilds das im Innern des Pilgers selbst verborgene Compostela. Bei William Blake überträgt und verklärt die sinnbildliche Stadt, indem sie zwei Städte dieser Welt in Entsprechung zueinander setzt, beide auf die Ebene der visionären Zwischenwelt. In keinem der Fälle ist die sinnliche Wahrnehmung irgendwie bestimmend, sondern ein *Bild*, das allen empirischen Wahrnehmungen vorausgeht und ihr Ordnungsprinzip darstellt. Das beherrschende Bild in den hier ins Auge gefassten Fällen gehört zu dem Bereich der *Imago Templi*.

Der Verfasser des Vorworts möchte nicht der Verlockung erliegen, sich an die Variationen eines Themas zu verlieren, das ihm besonders am Herzen liegt. Er möchte nur andeutend die Überlegungen zur Sprache bringen, die sich ihm sofort aufdrängten, als Henri Stierlin den freundlichen Gedanken hatte, ihn die im vorliegenden Band gesammelten „Bilder" von Isfahan sehen zu lassen. Die einzigartige und unvergleichliche Qualität der Bilder musste ein besonderes Geheimnis enthalten. Hätte ein Maler sie geschaffen, so hätte man ihn um seiner visionären Gaben willen beglückwünscht. Aber die Bilder entstanden mit Hilfe eines jener „Apparate", die in den Fluch, der auf der Technik lastet, mit einbeschlossen sind. Für die Schau von Isfahan, die wir Henri Stierlin verdanken, ist der „Apparat" jedoch nur das, was er eben ist: alles hängt von der seherischen Gabe dessen ab, der den „Apparat" gebraucht. Henri Stierlin besitzt diese seherische Gabe. Davon legen schon seine früheren Veröffentlichungen Zeugnis ab. In dem vorliegenden Werk erhellen einige Kapitel seines Textes in der Tiefe das Geheimnis der *Imago Templi*. Da Henri Stierlin an einigen

Stellen auf mich verweist, glaubte ich darüber hinaus das Gefühl einer Partnerschaft haben zu dürfen, einer Partnerschaft in dem Bestreben, der geheimen Botschaft der geistigen Welt des Iran eine Deutung zu geben. Wie hätte ich denn die liebenswürdige Einladung, dieses Buch, das den Verzauberungen, ja man möchte sagen der „Magie" Isfahans gewidmet ist, eben jener „Magie", die Isfahan zu einer *Stadt des Sinnbilds* werden lässt, mit einigen Seiten einzuleiten, ablehnen können?

Ich stellte zwischen den Wörtern „imago" und „magia" eben eine Verbindung her, wie es bereits Jakob Böhme getan hat. Ich glaube, dass dies im vollen Sinn auch den Zielsetzungen Henri Stierlins entspricht. Ich möchte sagen, dass für Henri Stierlin die Werke der Baukunst in den Status von Bildern treten müssen, damit ihre Vollkommenheiten und potentiellen Möglichkeiten wahrgenommen werden können. Hier, an diesem Punkt, wurde mir unser „geheimes Einverständnis" deutlich; denn selbst Suchender in Metaphysik nach der *Imago* und der aktiven Imagination spürte ich sofort das Einvernehmen beim Lesen des französischen Untertitels: „Image du Paradis". Der Verfasser legt Wert darauf uns mitzuteilen, dass es sein Anliegen ist, die Botschaft zu entziffern, die die Erbauer von Isfahan, die vom 11. bis zum 18. Jahrhundert diese ausserordentliche Stadt zu einem der Wunder der Weltarchitektur gestaltet haben, hinterliessen. Die Entschlüsselung einer Botschaft impliziert das Wiederauffinden eines Geheimnisses. Die Aufgabe, die sich Henri Stierlin vorgenommen hat, kann ihr Ziel nur erreichen, wenn der Leser sich an dem vom Autor vorgeschlagenen Treffpunkt einfindet; einem Treffpunkt, den Menschen, die schlecht und recht in der Geschichte herumreisen, zwangsläufig verfehlen müssen.

Noch vor dreissig Jahren bot Isfahan dem Reisenden, der auf der Strasse von Schiras von Süden kam, an einer scharfen, noch auf der Höhe liegenden Kurve, plötzlich die „Smaragd-Vision" seiner Gärten, seiner „Paradiese", über denen sich nur die selbst grünlich schimmernden Kuppeln seiner Moscheen und *Madrasah* emporhoben.

Unsere iranischen Freunde haben sicher alles getan, um zu bewahren, was bewahrt werden konnte, aber es ist praktisch ausgeschlossen, dass die Umgestaltung einer Stadt nach modernen Gesichtspunkten alles unberührt lässt. Trotzdem erkennt man auch im heutigen Isfahan noch eine Raumstruktur, die einem bestimmten Lebensstil seine Form gegeben hat. Henri Stierlin analysiert diese

Form planmässig. Er verweist auf Unterschiede zu den Charakteristiken einer entsprechenden westlichen Stadt, in der die Häuser gleichsam reliefartig hervortreten, während Isfahan eher ein ununterbrochen fortschreitender Plan zugrundeliegt, auf dem sich inselbildende leere Flächen (Höfe, Plätze) abzeichnen. Von einem umschlossenen Raum gelangt man zum anderen, ohne dass die Kontinuität aufgelöst würde, denn die umschlossenen Räume bewirken lediglich die Rhythmisierung der überbauten Fläche. Sie zu durchlaufen ist ein Abenteuer, vielleicht schon in diesem Augenblick eine sinnbildliche Reise.

Zu diesen Räumen gehört in besonderer Weise der Raum der persischen Moschee: in Isfahan vor allem die Königsmoschee *(Masjad-e Shân)* und die Freitagsmoschee *(Jom'eh)*. Der Verfasser bringt uns mit technischen Erläuterungen deren Struktur ins Bewusstsein: ein quadratischer oder rechteckiger Hof, durch den vier Innenfassaden geschaffen werden; jede Fassade hat in der Mitte eine grosse gewölbte Nische, den Liwan, durch den man in einen weiten Saal gelangt. Der weitläufige umschlossene Raum der persischen Moschee ist also kreuzförmig und in strenger Doppelachsigkeit angeordnet, und in diesem umschlossenen Raum entfalten sich die Wandverkleidungen aus Farbfayence. Der Raum unter freiem Himmel ist jedoch weder ein Atrium noch eine Vorhalle. Wir befinden uns im Herzen des Gebäudes. Es ist ein Raum, der dazu bestimmt ist, den Gläubigen mit der Gottheit in Verbindung zu setzen.

Gerade infolge dieser Struktur ihres Raumes gehört, wie mir scheint, die persische Moschee in den ursprünglichen Zusammenhang der Vorstellung vom *templum*, vom *temenos*. Der Vorstellung des templum lag anfänglich der Gedanke eines am Himmel mit Hilfe der Einbildungskraft abgegrenzten Raumes zugrunde, innerhalb dessen man den zu deutenden Flug der Vögel beobachten konnte.

Der Tempel ist die Projektion des himmlischen templum auf die Erde. Dieser Umstand macht den irdischen Tempel zum Ort der Verbindung zwischen Himmel und Erde. Die Verbindung zwischen Himmel und Erde ist der eigentliche Grundgedanke des Tempels, den die „Wissenschaft vom temenos" überall dort wiederfinden wird, wo die *Imago Templi* in ihre Herrschaft eingesetzt ist, was in gleicher Weise gilt für den Tempel Salamos, den zukünftigen Tempel Hesekiels oder den Tempel des Graal auf dem Montsalvatsch.

Diese sein Wesen ausmachende Funktion des Tempels wird von dem die Struktur der iranischen Moschee bestimmenden Grundgedanken des Raumes in besonderer Weise bestätigt. Im geometrischen Mittelpunkt des umschlossenen Platzes befindet sich ein Becken, dessen frisches Wasser sich stetig erneuert. Der *Wasserspiegel* reflektiert gleichzeitig das Himmelsgewölbe, das die eigentliche Kuppel des *templum* bildet, und die polychromen Fayencen, die ringsum die Flächen bedecken. Über diesen Spiegel bewirkt das *templum* die Begegnung von Himmel und Erde. Der Wasserspiegel polarisiert hier die Symbolik des Mittelpunkts. Dem gleichen Phänomen des Spiegels im Mittelpunkt der Anordnung des *templum* begegnen wir im Mittelpunkt der Metaphysik, die von einer ganzen Reihe iranischer Philosophen, unter denen die berühmtesten alle irgendwann einmal in Isfahan Aufenthalt genommen haben, vertreten wurde. Man darf wohl annehmen, dass zwischen den verschiedenen Ausdrucksformen ein- und derselben iranischen Weltauffassung eine Verbindung bestand, vielleicht sogar eine so wesentliche Verbindung, dass aus ihr erklärt werden kann, warum die Maler und Miniaturisten des islamischen Iran nicht das Gefühl hatten, das Verbot des Koran könnte sich auf ihre Kunst beziehen. Sie schufen weder Skulpturen im Raum noch Gemälde im Atelier. Alle ihre Bilder sind Erscheinungen auf einem Spiegel, auf der spiegelnden Fläche einer Wand oder auf dem Blatt eines Buches. Und was vermöchte Bilderstürmerei gegen Erscheinungen?

Es besteht also Veranlassung, das Grundphänomen des *Spiegels* besonders zu betonen. Die vier Himmelsrichtungen (Nord, Süd, Ost, West) sind gegeben durch die vier *Liwane*. Sie halten sich in der Horizontalen. Die *vertikale* Dimension vom Nadir zum Zenith ist gegeben durch den Spiegel. Der Mittelpunkt des Beckens ist nicht zugänglich. Was geschieht nun effektiv, wenn wir uns in der Achse eines der vier *Liwane* aufstellen? Wir betrachten ihn gleichzeitig mit seinem umgekehrten Bild auf der Wasseroberfläche. Aber dieses umgekehrte Bild ist das Ergebnis des potentiellen Bildes, das durch seine Spiegelung zuvor auf der spiegelnden Fläche hervorgebracht wurde.

Übertragen wir nunmehr den Gedanken des potentiellen Bildes auf die Ebene einer mystischen Lehre von der Spiegelreflexion: das Bild von der Potentialität in den Akt übergehen lassen, bedeutet genau den Vollzug jenes Vorgangs, den die Metaphysiker der Schule des Sohravardî mit dem Eindringen in den *mundus imaginalis* (*'âlam al-mithâl*), in das „achte Klima" oder in die Zwischenwelt zwischen der Welt der reinen Idee und der Welt der sinnlichen Wahrnehmung im Auge haben.

Das Phänomen des Spiegels lässt uns die integrale Dimension eines Dings oder eines im Raum der diesseitigen Welt gelegenen Bauwerks verstehen, denn es bringt uns dazu, ihre geistige Dimension zu erfassen, das metaphysische Bild, das jeder empirischen Wahrnehmung vorausgeht und ihr Gestalt gibt. Ebenso macht uns dieses Phänomen den Modus der Gegenwärtigkeit jeder geistigen Wesenheit in der Welt der von den Sinnen erfassten Körper verständlich. Kosmologie ist die Abfolge von Formen des In-die-Erscheinung-tretens, von Hierophanien, an ebenso vielen Orten des In-Erscheinung-Tretens *(mazâhir)*, wie sie durch das, was man „Materie" nennt, gegeben sind. Die Dinge im Spiegel sehen bedeutet, nach dem Ausspruch eines unserer iranischen Shayks, „die Dinge in Hûrqalyâ" sehen, der obersten der mystischen Städte des *mundus imaginalis* oder achten Klimas. Der Spiegel ist lediglich dasjenige, was uns den Weg zeigt, um in Hûrqalyâ einzudringen. Faszinierend ist in diesem Zusammenhang das Bild des Westliwans der von der aufgehenden Sonne beleuchteten und in den Wassern des Beckens in der Mitte sich spiegelnden Königsmoschee. Mir ist bisher kein Bild vor Augen gekommen, das im gleichen Masse wie das Bild, das wir Henri Stierlin verdanken, die Kraft besessen hätte, der Betrachtung eine solch unerschöpfliche Zahl von Verweilpunkten zur Verfügung zu stellen; und ähnliche Bilder finden sich durch das ganze Buch. Es bleibt dem aufmerksamen Leser überlassen, die Bilder zu Wegstrecken seiner inneren Pilgerschaft werden zu lassen, dadurch, dass er sie meditiert und in sie eindringt, wie man es beim Betrachten eines *Mandala* tut.

Das für die *Imago Templi* Beispielhafte, das in den iranischen Moscheen zu finden ist, wird durch die in den Strukturen gegebenen Hinweise auf die Zahl zwölf, die Schlüsselzahl der Zahlenweisheit des Zwölfer-Shî'ismus, noch klarer herausgestellt. Die genaue Analyse der geometrischen und mathematischen Struktur des umschlossenen Raumes der Moschee erlaubt dem Verfasser, zahlreiche Hinweise auf diesen Zusammenhang zu geben. Sie würden, wenn es noch nötig wäre, in dem grossen, um den Südliwan der Freitagsmoschee herumgehenden Inschriftenband ihre Bestätigung finden. Das Inschriftenband stammt aus der Zeit des Shah Tahmasp und enthält die Anrufung für jeden der „Vierzehn Unbefleckten" (die zwölf Imâme, der Prophet und seine Tochter Fâtima). Das shî'itische Anliegen findet sich an dem Platz, an den es hingehört. Einer der grossen Philosophen der Schule von Isfahan, Qâzî Sa'îd Qommî, setzte die Struktur der zwölf Kanten des würfelförmigen Tempels der Ka'ba in Entsprechung zum Pleroma der zwölf Imâme, geheime Botschaft des Tempels, die ihn zu einem Tempel des Sinnbilds werden lässt.

Eine vollständige Entschlüsselung der Botschaft würde die Entschlüsselung der Motive auf den gewaltigen Flächen in Farbfayence voraussetzen. Handelt es sich um reine Ornamentik oder doch um Symbolik? Man darf dem Verfasser für das Bemühen, die Ursprünge (in Kâshân — deshalb die Bezeichnung *Kâshî*) und die Technik dieser Keramik, deren Tradition noch heute im Iran lebendig ist, aufzufinden, sehr dankbar sein. Als Pilger weilte ich eines Tages lange in Gedanken versunken vor den hohen, ganz mit polychromer Fayence verkleideten Scheinfenstern und Scheintüren. Aber waren es wirklich Scheinfenster und Scheintüren? In meinem Innern rief ich mir die Erinnerung an das Fenster einer Kathedrale zurück, das das von aussen hereinkommende Licht filtert und in den inneren Raum des Gotteshauses nur dessen feinste Quintessenz, verwandelt durch seine eigene Farbe, hereinlässt. Darf man, — von dieser Überlegung her —, die hohen Fenster, deren Öffnung in ihrer ganzen Ausdehnung aus einer mit Farbfayence verkleideten Fläche bestehen, als Scheinöffnungen bezeichnen? In welchem Sinne kann man sagen, dass sie sich „nirgendwohin" öffnen?

In Wahrheit sind dadurch, dass die Fenster durch Flächen farbiger Fayence ersetzt wurden, keineswegs Pseudo-Öffnungen entstanden. Wenn ihre Fläche als Spiegel betrachtet wird, öffnet und erleuchtet sie dem Menschen den ganzen Raum seines inneren Wesens, damit er in dem Raum seine symbolische Pilgerschaft vollziehe, wie der alchimistische Pilger von Compostela. Dieser Raum ist das „achte Klima", den Sohravardî auf persisch mit *Nâ-kojâ-âbâd* bezeichnete, das „Land des Nirgendwo", das will sagen, das Land, das auf dieser Welt keinen Ort hat. Auf dieses „Nirgendwo in dieser Welt" öffnen sich die hohen Fenster polychromer Fayencen, wenn man sie als Spiegel betrachtet.

Der *var* oder der paradiesische umschlossene Raum von Yima (Jamshîd), dem uranfänglichen Herrscher, öffnete sich auch nicht nach aussen hin. Er sonderte selbst sein eigenes Licht aus. Die Fläche iranischer Farbfayence wie die Fläche byzantinischer Mosaiken sondern ebenfalls ihr eigenes Licht aus. Vor einigen Jahren stellte die Schule von Ravenna in Teheran eine grosse Zahl von

Reproduktionen der Mosaiken aus, deren Tradition von ihr fortgeführt wird. Das äusserst aufmerksame Interesse, das unsere iranischen Freunde den Mosaiken von Ravenna entgegenbrachten, führte den Suchenden zu dem Gedanken, dass zwischen den beiden Traditionen wohl etwas Gemeinsames vorhandensein muss. Und in der Tat: ist es nicht gerade das Eigentümliche sinnbildlicher Räume, dass sie auf geheimen Wegen, die sich dem Urteil der Geschichte entziehen, miteinander in Verbindung stehen? Vor einigen Jahren ging ich in Begleitung eines bedeutenden iranischen Gelehrten durch den umschlossenen Raum der Königsmoschee. Unsere Unterhaltung drehte sich um die Ritterbünde, die mit dem Ausdruck *fotovvat* bezeichnet werden. Mein Gesprächspartner sagte: „Seien Sie versichert, dass ein solches Bauwerk nur möglich war dank ritterlicher Bauhütten". „Sie machen mich glücklich", antwortete ich: „Wir stellen das Gleiche fest im Hinblick auf unsere Kathedralen".

Während ich Henri Stierlin durch seinen Text und seine visionäre Bilderwelt hindurch begleitete, hatte ich das Gefühl, als ob uns all die Philosophen und Mystiker, die ich einst unter dem Namen der Schule von Isfahan zusammenzufassen vorgeschlagen habe, Gesellschaft leisteten. Es geht hier um eine seltsame Tatsache. Würde man es wagen, von griechischer Kultur zu sprechen, ohne etwas von den Philosophen Griechenlands zu wissen? Wie ist es möglich, dass über den Iran so viele Bücher geschrieben wurden, in absoluter Unkenntnis seiner Philosophen und Denkschulen? Die *madrasah*, in denen die Philosophen in Isfahan lehrten, sind noch vorhanden, die *Madrasah* Sadr, in der Mîr Dâmâd, der geistige Führer einer ganzen Generation, lehrte; die *Madrasah* Shayk 'Abdollâh, in der Mohsen Fayz Kâshânî sein Wort verkündete, der berühmteste Schüler des Meisters, dessen Gestalt das Ganze beherrscht: Mollâ Sadrâ Shîrâzî (gest. 1640). Und es blieb so, bis die Wechselfälle der Zeiten am Anfang des 19. Jahrhunderts zur Gründung der Schule von Teheran führten, die dann an die Stelle der Schule von Isfahan trat. Auch andere Schulen blühten auf: so in Chorassan und Kerman.

Sadrâ Shîrâzî ist es gewesen, der, wie andere mit und nach ihm, die von Sohravardî (1191) ausgehende Linie fortgeführt hat. Sohravardî setzte sich im 12. Jahrhundert bewusst das Ziel, im islamisierten Iran die Philosophie des Lichtes, wie sie von den Weisen des alten Persiens gelehrt worden war, wieder zum Leben zu erwecken. Als erster, in der iranisch-islamischen Philosophie, hat er die ontologische Grundlage geschaffen für jene Zwischenwelt, die die in der Mitte befindliche Welt ist zwischen der Welt der reinen Intelligenz und der durch die Sinne erfassten Welt, die Grundlage für den *mundus imaginalis*, der hier bereits erwähnt wurde, denn seine Funktion ist wesentlich: er ist „achtes Klima" (ausserhalb der sieben der klassischen Geographie), *Bildwelt*, die vor allem nicht mit dem *Imaginären*, mit Einbildung und Phantasie verwechselt werden darf. Den *Ishrâqiyân-e Irân*, den Platonikern Persiens, verdankt die iranisch-islamische Philosophie, wie unsere Nachschlagewerke verzeichnen, die Entfaltung und Vertiefung einer Metaphysik des Bildes und der aktiven Imagination, ohne die, nach Auffassung Sohravardîs, alle visionären Erfahrungen der Propheten und Mystiker der Stätte, wo sie „stattgefunden" haben, entrissen wären und die ihnen eigene volle Wirklichkeit verlieren würden. Der abendländische Rationalismus hat unsere Philosophie schon seit mehreren Generationen dieser Zwischenwelt beraubt: weshalb die Begriffe Phantasie und Vision durcheinandergeraten sind.

Unsere *Ishrâqiyân*-Philosophen der Zwischenwelt sind in dem vorliegenden Buch überall gegenwärtig, denn das von Henri Stierlin geplante und verwirklichte Vorhaben steht auf der gleichen Ebene wie die von unseren persischen Platonikern gelehrte Metaphysik der imaginativen Schau. Die *Ishrâq*-Philosophie ist die Philosophie des „Ostens". Das Wort *ishrâq* bezeichnet das Licht des Gestirns bei seinem Aufgehen. Die *Ishrâqiyân* sind die „östlichen" Philosophen, nicht im geographischen, sondern im metaphysischen Sinn des Wortes. Die *Ishrâq*-Philosophie will selbst eine Zwischenwelt sein, ein Zwischen-Zwei *(barzakh)*, dessen Berufung es ist, die Forschung der Philosophen und die Erfahrung der Mystiker nicht zu trennen, sondern zu kumulieren und in Einklang zu bringen. So ist auch der *mundus imaginalis*, als Leitmotiv ihrer Philosophie, als Zwischenwelt, notwendig, damit das Intelligible und das Sinnenhafte miteinander zu kommunizieren vermögen.

Vielleicht sind wir — dank des geheimen Einverständnisses zwischen Bildkünstler und Philosoph — nun in der Lage, auch Isfahan als eine Stadt zu sehen, die im höchsten Sinne des Wortes eine *Stadt des Sinnbildes* ist. Nach Isfahan kommen, würde dann bedeuten, zur Königsmoschee zu kommen, als einem Ort der Begegnung zwischen dem *bildhaften Universum* von Hûrqalyâ, der obersten der „Smaragdstädte", und dem Wunder der Architektur, das mit den Sinnen erfasst wird. Es würde auch bedeuten, zu den

Ishrâqiyân-Philosophen zu kommen, deren Philosophie der Imagination eine solche Begegnung möglich macht, weil sie uns die Zwischenwelt öffnet, die Vermittlerin zwischen dem rein Intelligiblen und dem Sinnenhaften. So wäre denn die Fahrt nach Isfahan für uns das, was im *Parmenides* für die Pilger-Philosophen die Fahrt nach der Stadt des Sinnbilds Athen gewesen ist, als dem Ort der Begegnung zwischen den Philosophen der Schule Joniens und den Philosophen der Schule Italiens. Und wir werden nun auch wissen, dass die Fahrt nach Isfahan eine symbolische Reise ist, gleich jener des Alchimisten Nicolas Flamel zur Stadt des Sinnbilds, Compostela, die in ihm selber liegt. Und dies alles, weil wir gelernt haben, die Topographie von Isfahan zu lesen, wie einst William Blake die Topographie Jerusalems in derjenigen Londons gelesen hat.

Dass die grossartigen Bilder, die wir der Kunst und dem ahnenden Blick Henri Stierlins verdanken, die Kraft hatten, das Thema der Städte, die Sinnbilder sind, wachzurufen — wie hätte ich meinem Dank und meiner Verehrung besseren Ausdruck geben können?

Es steht geschrieben: „Und der Herr sprach zu Abraham: Gehe aus deinem Vaterland und von deiner Freundschaft und aus deines Vaters Hause in ein Land, das ich dir zeigen will" (Genesis 12, 1). Der Pilger der sinnbildlichen Städte hört diesen Ruf als an ihn gerichtet. Vielleicht hört er auch wie einen Antwortgesang jenen Vers William Blakes (im Gedicht „Milton"): „Und wechselt der Mensch seine Bleibe, — seine Himmel begleiten ihn —, überall, wohin er geht".

Juni 1976

Henry Corbin
Professor an der Ecole pratique
des Hautes Etudes, Sorbonne, Paris
Honorarprofessor
an der Universität Teheran

Einleitung

Seit dem 17. Jh. haben Reisende aus dem Abendland Isfahan besucht und diese berühmte persische Hauptstadt des Safawidenreiches besungen, in der Schah Abbas I. und seine Nachfolger ein Hofleben von unbeschreiblicher Pracht führten. Im Laufe des 19. Jh. haben u.a. Coste und Flandin die Bauwerke dieser Stadt eingehend geschildert, während Dichter wie Gobineau und Pierre Loti später in lyrischer Form ihrer Bewunderung Ausdruck verliehen. Und bis zur Gegenwart fehlt es nicht an Veröffentlichungen über Isfahan, dank zahlreicher illustrierter Werke und neuerer Studien über die Meisterwerke in dieser Stadt der Künste. Gewisse Aspekte der islamischen Architektur im Iran hingegen, sowie die Bedeutung der Fayence als dekoratives Element in Isfahan, entziehen sich bis heute der Kenntnis des breiteren Publikums.

Dies gilt besonders für bestimmte geistige Zusammenhänge, unter deren Einwirken sich die Architektur Isfahans zu voller Blüte entwickeln konnte, wie auch für den religiösen Hintergrund, aus dem sie sich motiviert. Sie ist Spiegel einer kulturellen Tradition und zugleich Resultat der geschichtlichen Gegebenheiten jener Welt des Iran. Daher scheint es uns angezeigt, die Funktion dieser Architektur einmal eingehender zu untersuchen und dabei zu berücksichtigen, welche Rolle für die Erbauer selbst ein religiöses Bauwerk wie die Moschee gespielt hat. Dies heisst letztlich, eine Beziehung zwischen der Bauform und dem religiösen Glauben, in diesem Falle speziell mit dem Mystizismus des schiitischen Persiens herstellen und die Symbolik erkennen, die sich in eben dieser Bauform mit ihrer Ornamentik, der farbigen Fayencearbeit, ausdrückt.

Zu diesem Zweck haben wir unsere Betrachtung auf die wichtigsten Bauten Isfahans beschränkt, denn nur so können wir Sinn und Bedeutung der einzelnen Bauwerke erfassen und die Absicht des Architekten bis ins letzte Detail ihrer Ausführung nachvollziehen, so dass der Leser schliesslich zu einem völlig neuen Verständnis der persischen Moschee und der Geisteswelt ihrer Erbauer gelangt. Unser Hauptanliegen besteht also darin, der geheimnisvollen Botschaft der Baumeister Isfahans vom 11. bis 18. Jh. nachzuspüren, unter deren Händen sich diese einmalige Stadt zu einem der grossen architektonischen Weltwunder entwickelt hat.

Kapitel I
Die islamische Kultur im Iran

Zum Verständnis von Isfahan

Um den Schöpfungen der islamischen Zivilisation im Iran näherzukommen, muss man sie innerhalb des ihnen gegebenen kulturellen, historischen und religiösen Rahmens sehen. Erst die Kenntnis jener Elemente, auf denen die Welt der Perser fusst, öffnet dem Betrachter das Verständnis für die Bedeutung Isfahans und seiner herrlichen Bauwerke mit ihren reichen, zu einer grossartigen Farbsymphonie zusammenschmelzenden Fayence-Verkleidungen.

So überflüssig es ist, dem Leser des Abendlandes die geschichtlichen Zusammenhänge vor Augen zu führen, in die sich der Bau der grossen gothischen Kirchen einfügt, so wenig gilt dies für die Kulturgeschichte Persiens, die den meisten Europäern trotz zahlreicher Studien und Veröffentlichungen der letzten Jahrzehnte unbekannt geblieben ist. Daher scheint es angebracht, unsere Studie an dieser Stelle mit einigen grundlegenden Fakten einzuleiten, für deren vereinfachte, bisweilen vielleicht etwas trockene Darstellung wir den Leser um Verständnis bitten müssen. Denn ohne diese kurze Einleitung bestünde bei unseren späteren Ausführungen die Gefahr, der Oberflächlichkeit, der reinen Ästhetisierung, wenn nicht Subjektivierung zum Opfer zu fallen, ja ein völlig falsches und irreführendes Bild zu entwerfen. Wenn wir es für selbstverständlich halten, den geschichtlichen Hintergrund zu studieren, vor dem sich Entstehung und Bedeutung eines abendländischen Kirchenbaus abhebt, wie auch die Religion zu kennen, dem er geweiht wurde, so gelten diese Voraussetzungen in gleicher Weise für die Stadtanlage und Moscheen von Isfahan.

Die Hauptstädte in der Geschichte Persiens

Isfahan erlebte seine Glanzzeit als Hauptstadt des iranischen Reiches zur Zeit der Safawiden-Dynastie, vor allem als der aussergewöhnliche Schah Abbas I. der Grosse den Thron bestieg. Zwar hatte Isfahan bereits im 11. und 12. Jh. unter der Seldschukenherrschaft eine bedeutende Rolle gespielt, wovon nicht zuletzt die berühmte Freitagsmoschee ein beredtes Zeugnis ablegt, doch jetzt, zu Beginn des 17. Jh., wurde die Stadt nach einem bemerkenswerten Plan erweitert und um einige ihrer schönsten Bauwerke bereichert.

Welche Rolle kam einer Hauptstadt im Iran zu? Während der Epoche der Achämeniden, Parther und Sassaniden, wie später auch unter der Herrschaft islamitischer Dynastien, wurde an sehr verschiedenen Stätten des Iran Hof gehalten, so dass schliesslich fast alle wichtigen Zentren Persiens mindestens einmal Hauptstadt des Reiches gewesen sind. So befand sich z.B. der kaiserliche Sitz der Achämeniden abwechselnd in den auf der Hochebene gelegenen Städten Pasargadä, Persepolis und Ekbatana, wie auch in Susa, das in der südlicher an Mesopotamien grenzenden Tiefebene liegt. Die Sassaniden hingegen hatten als Zentrum ihres grossen Reiches, das sich erfolgreich gegen Rom behauptete, vor allem das am Tigris gelegene Ktesiphon in der Nähe des heutigen Bagdad gewählt. Damit befand sich zu jener Zeit der Mittelpunkt der persischen Welt im Irak, also ausserhalb der gegenwärtigen Grenzen des Iran. In seinem Werk „Der Iran und seine Kunstschätze" glaubt Mazahéri, dass „das Wort Irak der ehemalige Singular des Sammelbegriffs und Plurals Iran" ist. Das mesopotamische Gebiet gehörte also schon in vor-islamitischer Zeit zum iranischen Kulturbereich.

Die Unterscheidung, die René Grousset zwischen dem inneren, vor allem die Hochebenen umfassenden Iran und dem äusseren Iran aufgestellt hat, lebt mit dem Islam weiter. Im eigentlichen Iran gehörten im Laufe der Jahrhunderte Täbris, Maragha, Kaswin, Soltania, Schiras, Tus, Meschhed, Naischapur und Isfahan zu den wichtigsten Hauptstädten. Bagdad hingegen war die Hauptstadt

Seite 17
Die Oase von Isfahan. Sie liegt 1400 m über dem Meeresspiegel und wird von dem Zagros-Gebirge beherrscht. Gegen die Wüstenfelsen heben sich die türkisfarbigen Kuppeln und hohen Minarette ab und unterbrechen überall das Gewirr von Backsteinkuppeln und -dächern. Diese Aufnahme wurde vom Dach der Freitagsmoschee gemacht. Zur Linken sieht man das Minarett der Ali-Moschee aus der Seldschukenzeit (Mitte des 12. Jh.), daneben die vier Minarette und die grosse Kuppel der Königsmoschee (1612-1630), vor der sich, im Zentrum des Bildes, die auffallend schlichte Kuppel der Moschee Scheich Lotfallah (1602-1618) abhebt; beide Moscheen liess Schah Abbas I. der Grosse erbauen. Weiter rechts die durch einen Tambour erhöhte Kuppel des Mausoleums Harun Wilajat (1521) und dessen Eingangsportal ganz rechts. Links im Vordergrund die sich aneinanderreihenden Lehmkuppeln, unter denen der Basar liegt.

des äusseren Iran; hier residierten der Kalif al-Mamum (813-833), Sohn einer Perserin, und während des 10. und 11. Jh. die bujidischen Emire der schiitischen Glaubensrichtung, die den Iran und den heutigen Irak zu einem grossen Reich vereinten. Im Osten und Norden spielten noch Buchara, Samarkand, Dscham, Herat, Balkh, Merw und einige weitere Städte eine wichtige kulturelle Rolle in Persien.

Daraus wird ersichtlich, dass die Ausstrahlung der iranischen Kultur weit über die heutigen Grenzen des Mittleren Ostens und des gegenwärtigen Iran hinausreichte. Ihr Einflussgebiet erstreckte sich von Transoxanien bis Mesopotamien, von Choresmien zum Persischen Golf und von Aserbeidschan bis Kabulistan. Um die Bedeutung dieser Zivilisation voll ermessen zu können, erscheint ein kurzer Überblick über Geschichte, Kultur und Religion des Iran angebracht, denn nur in diesem Zusammenhang wird man Ursprung und Sinn der grossen Kunstschöpfungen von Isfahan wirklich verstehen.

Die Wiedergeburt der persischen Welt

Ab 634 n.Chr. wurde das iranische Reich der Sassaniden schrittweise von arabischen Heeren erobert, bis es knapp zwanzig Jahre später völlig unter islamitischer Herrschaft stand. Doch damit trat das ehemalige Persien noch nicht von der Bühne. Die Aliden (Anhänger Alis und der Imame, den Nachkommen des Propheten), die von der in Damaskus herrschenden Dynastie der Omaijaden verfolgt in das Gebiet von Chorassan geflüchtet waren, bereiteten einen Aufstand vor, der im Jahre 747 in den östlichsten Provinzen und vor allem in Merw offen ausbrach. Damit nahm die Regierungsperiode der Abbasiden ihren Anfang, deren erste Vertreter besonders stark gegen das arabische Kalifat opponierten. Im Gegensatz zu der in Damaskus herrschenden Dynastie, die sunnitisch war, vertraten die Abbasiden die Glaubensrichtung des Schiismus innerhalb des Islam. Auf dieser religiösen Basis gelang es der Gründergruppe Alis, die iranische Bevölkerung aufzuwiegeln, die Führung der islamitischen Welt an sich zu reissen und Bagdad als Hauptstadt zu wählen. Doch konnten die Schiiten ihre Vorherrschaft nicht lange behaupten, und das Kalifat Bagdad fiel wieder den Sunniten

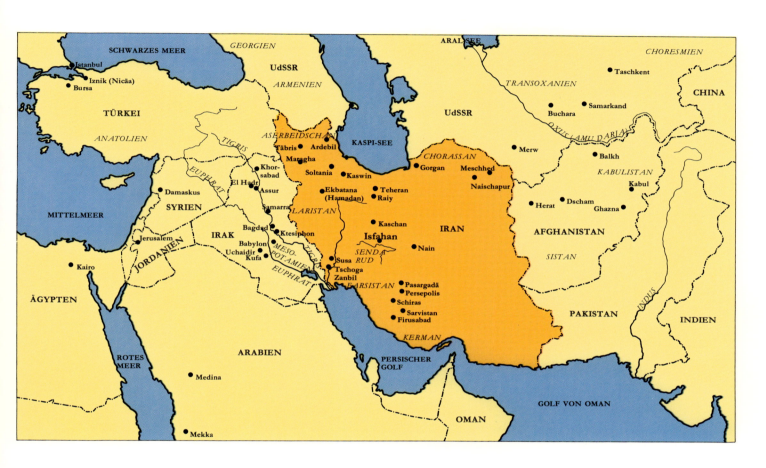

Landkarte
Masstab 1 : 25 000 000

zu. Wir werden im weiteren noch näher auf die religiösen Hintergründe dieser Zeit eingehen (s. S. 28).

Unter dem Kalifat al-Mamuns, der in Bagdad das Haus der Weisheit gründete, wurde eine Art kultureller „Rückeroberung" des Iran eingeleitet. Wie Gaston Wiet in „Sept Mille Ans d'Art iranien" (Siebentausend Jahre iranischer Kunst) angibt, „waren fast alle Gelehrten dieser Epoche des 9. Jh. Perser. Es gehörte bald zum guten Ton, Sitten und Bräuche des Iran anzunehmen, und man glaubte, die hohe Kunst der Politik sei von den Persern entwickelt worden. Den Prinzen, die nacheinander die Regierung übernahmen, lag besonders daran, sich auf Vorfahren aus der grossen, von den Arabern entmachteten Dynastie der Sassaniden berufen zu können. (...) Überall im Reich wurde nach iranischem Vorbild regiert".

In Transoxanien und im Chorassan konnte sich die persische Kultur unter der Dynastie der Samaniden (875-1005) zuerst durchsetzen. „Am Hofe der Samaniden kam die persische Sprache wieder zu ihrem Recht und mit ihr Rudaki, der älteste unter den grossen persischen Dichtern" (Wiet). Ismail der Samanide, der bis 907 regierte, liess in Buchara ein bemerkenswertes Mausoleum errichten und markierte damit den Neubeginn der grossen iranischen Architektur, zu deren Höhepunkt unter der Dynastie der Sassaniden der grossartige Torbogen zum Palast von Ktesiphon gehört.

Im allgemeinen gilt die Regierungszeit der Bujiden (945-1055) als Epoche der grossen Wiedergeburt Persiens. In diesem Jahrhundert entwickelten sich Farsistan und die Stadt Schiras zu einem so bedeutenden Kulturzentrum, dass man letztere wegen ihrer zahlreichen, herrlichen Bauten und Paläste, von denen heute allerdings nur noch einige wenige archäologische Ausgrabungen zu zeugen vermögen, sogar mit Bagdad vergleichen darf.

Zugleich berief Mahmud, der in Ghazna, dem heutigen Afghanistan, südlich von Kabul gelegen, von 998 bis 1030 regierte, den grossen persischen Dichter Firdausi (932-1020) an seinen Hof. Es handelt sich um den Verfasser des berühmten „Königsbuches" (das „Schah-Namé"), eines breit angelegten Epos, das die Zeit von der vor-mohammedanischen Vergangenheit bis ins 11. Jh. umspannt und als Hymne auf die iranische Heimat von seinen Zeitgenossen tief verehrt wurde. Ausserdem hatte der Sultan Mahmud von Ghazna „noch das grosse Verdienst, den gebildetsten Kopf des islamischen Mittelalters geschützt und gefördet zu haben: al-Biruni"

(Wiet). Dieser Gelehrte, der von 973 bis 1050 lebte, war in der Geschichte, Mathematik und Astronomie bewandert und interessierte sich darüber hinaus für Physik, Mineralogie und Naturwissenschaften, sowie für Heilpflanzen und -drogen.

Im 11. und 12. Jh. erfuhr Isfahan einen unerhörten Aufschwung, denn ab 1033 residierte dort der Sohn Mahmuds von Ghazna und nach ihm Abu Mansur, der den berühmten islamitischen Philosophen Avicenna an seinen Hof rief; dieser war um 980 in der Nähe von Buchara geboren und starb 1037 in Hamadan. Und noch zur Zeit Abu Mansurs, im Jahre 1051, drang Tugrul Beg mit seinen Truppen der türkischen Seldschuken in Isfahan ein und plünderte die Stadt, bevor er sie selbst zur Hauptstadt seines neuen Reiches erhob.

Mit der Errichtung des Seldschukenreiches ab 1032 und der Vorherrschaft der Türken im Iran war die kulturelle Vormacht Persiens jedoch keineswegs beendet. So arbeitete z.B. der berühmte persische Gross-Wesir Nisam al-Mulk (1018-1092) in seiner Abhandlung des „Sijaset Namé" ein regelrechtes Feudalsystem des islamischen Mittelalters aus. Er war nicht nur die Persönlichkeit, die die Regierungspolitik am Hof von Isfahan weitgehend bestimmte, sondern sich auch als Schöpfer der grossen Kuppel der Freitagsmoschee, deren Bau 1072 begann, unsterblich gemacht hat. Unter der Herrschaft von Schah Malik, die von 1072 bis 1092 währte, erstreckte sich das Seldschukenreich wieder über die ehemals von den Achämeniden und Sassaniden beherrschten Gebiete, reichte es doch von China bis Syrien und von Transoxanien bis Arabien.

Zu dieser Zeit gelangten Kunst und Wissenschaft zu hoher Blüte, und unter den zahlreichen genialen Köpfen, die dazu beitrugen, seien der Philosoph und Theologe al-Ghazali, sowie der Dichter, Mathematiker und Astronom Omar Chajjam genannt, der Verfasser der berühmten „Ruba'i", der wahrscheinlich im Jahr 1123 starb.

Ein Reisender des 12. Jh., der spanische Rabbiner Benjamin von Tudela, berichtet, dass sich die Hauptstadt Isfahan zu jener Zeit über die riesige Fläche von zwölf Meilen (= 90 km²) erstreckte. Trotz der Auflösung des Seldschukenreichs in mehrere unabhängige Fürstentümer während des ersten Jahrzehnts im 12. Jh. wurde das iranische Erbe an den einzelnen Höfen weiterhin gepflegt. In diesem Zusammenhang sei auf die Dichter Nisami (1203 gestorben) und Saadi (1184-1290) hingewiesen, sowie auf den Astronom Abd

Seiten 22-23
Isfahan, von der Terrasse des Pavillons Ali Kapu, dem „Tor des Ali", aus gesehen; der Torpalast bildet eine grossartige Eingangspforte zum gesamten Palastbezirk, den Schah Abbas zu Beginn des 17. Jh. auf Grundlagen aus der Timuridenzeit dahinter erbauen liess. Die Bergzüge im Hintergrund bilden eine natürliche Begrenzung der fruchtbaren Oase. Zur Linken der grosse Platz Meidan-i-Schah; an seinem Südende die Königsmoschee, die um 45° von der Achse des Platzes abweicht. Ihr Eingangsportal mit den beiden Minaretten ist die einzig sichtbare Fassade, während die Moschee selbst auf allen Seiten von Anbauten umschlossen wird. Der Meidan-i-Schah ist das Prunkstück der Stadtplanung von Isfahan; die umlaufenden Arkaden täuschen einen gewaltigen Dekor vor, doch wurde die obere Bogenreihe weitgehend blind gebaut.

ar-Raman Khasini, der die „sandscharischen Tafeln" aufstellte und eine Abhandlung über Messinstrumente (1121) schrieb, in welcher er laut Mazahéri „hydrostatische Apparate sechshundert Jahre vor den Versuchen von Torricelli, Pascal und Bayle vorstellt".

Der Schah-Dynastie von Choresmien (1156-1220), die aus dem Gebiet südlich der Kaspi-See stammte, gelang es, den Seldschuken die Macht zu entreissen und ein neues Reich zu bilden. Doch bald darauf stiess Dschingis Khan aus dem vereinten Mongolenreich vor und eroberte mit seinen anstürmenden Heeren diese islamische Welt. Dabei nahm Hulagu (1217-1265) Bagdad ein, liess den dort herrschenden Kalifen im Jahre 1258 umbringen und setzte damit der Dynastie der Abbasiden ein Ende. „Persien befand sich nunmehr unter mongolischer Herrschaft, was dem Lande letztlich eine ebenso günstige Entwicklung ermöglichte, wie die mongolische Invasion des Vorderen Orients über die betroffenen Länder Unheil gebracht hatte" (Wiet). Hulagu legte sich den Titel „Il Khan" zu, woraus der Name der Dynastie der Ilchane abgeleitet wurde. Er residierte mit seinem Hof in Maragha, südlich von Täbris, an den er zahlreiche Gelehrte berief, so auch „den damals weit berühmten Astronom Nassir ad-Din at-Tussi (1201-1274), für den er eigens ein Observatorium bauen liess" (Wiet). Ein anderer mongolischer Fürst, Mahmud Ghazan, der dem Buddhismus angehörte, regierte in Täbris von 1295 bis 1304 und trat, wahrscheinlich unter dem Einfluss eben des grossen Gelehrten, Mathematikers, Philosophen und schiitischen Theologen Nassir ad-Din at-Tussi zum Islam über.

Sein Nachfolger, Sultan Uldschaitu Chodabende (1304-1316), dem das schöne Stuck-Mihrab in der Freitagsmoschee von Isfahan zu verdanken ist, wählte Soltania in der Nähe von Kaswin zur Hauptresidenz. Vom iranischen Erbe tief beeinflusst bekannte er sich zum Schiismus, was auf die Architektur des Landes einen weitgreifenden Einfluss haben sollte; so war das von ihm errichtete Grabmal, wie wir im weiteren noch sehen werden, das erste grosse Bauwerk auf der persischen Hochebene, das völlig mit farbigen Fayenceplatten verkleidet war.

Als nach dem Tode Uldschaitus das Land in Aufruhr geriet, nahm Timur Lenk die Zügel in die Hand, eroberte 1370 die Stadt Balkh, überquerte 1380 den Oxus und liess sogar Isfahan plündern, bis er ganz Persien unter seine Kontrolle gebracht hatte; dabei kam es in Isfahan zu einem furchtbaren Massaker, in dessen Verlauf seine

Reitertrupps ganze Pyramiden von abgeschlagenen Menschenhäuptern in der Stadt errichteten.

Seine Nachfolger, die Timuriden, passten sich jedoch wiederum dem iranischen Erbe an, so dass unter Schah Roch (1405-1447) in dem von ihm zur Hauptstadt gewählten Herat ein neues Zentrum persischer Kultur erblühte. Diese Entwicklung wurde auch von Ulugh Beg (1447-1449) unterstützt, einem viel geachteten Wissenschaftler und Astronom, der Herat zum „Treffpunkt der Schriftsteller und Sitz einer Hochschule für Malerei und Kalligraphie" machte; aus dieser stammen die schönsten Miniaturmalereien der „Königsbücher" von Firdausi. So zeichnete sich die Epoche der Timuriden durch eine ungeheure Entfaltung auf allen kulturellen Gebieten aus, nicht zuletzt auch auf dem der Fliesen-Mosaiken, für welche die überragenden Schöpfungen in Isfahan und in der Blauen Moschee von Täbris ein beredtes Zeugnis ablegen.

Im Westen Persiens herrschte von Aserbeidschan aus der turkmenische Prinz der „Horde der Weissen Hammel", Usun Hassan (Hassan der Lange, 1453-1478), über ein Gebiet, das Armenien, den Iran und Mesopotamien umfasste. Er liess auch die Freitagsmoschee in Isfahan wiederherstellen und weiter ausschmücken, wovon zahlreiche Inschriften in diesem ehrwürdigen Gebäude zeugen.

Zu Beginn des 16. Jh. trat ein für die persische Kultur äusserst wichtiges Ereignis ein, als nämlich eine neue, gesamtpersische Dynastie unter dem Namen der Safawiden die Herrschaft übernahm und Schah Ismail (1487-1524) in Täbris im Jahr 1502 zum Reichsfürsten gekrönt wurde. Diese Dynastie hatte ihren Namen von Scheich Safij al-Din (gestorben 1334) abgeleitet, „der das Gebiet um Ardebil zum Schiismus bekehrt hatte und einer der Nachkommen des Kalifen Ali war" (Wiet). Und nun erhob Ismail den Schiismus zur Staatsreligion, wodurch diese Glaubensbewegung in eine entscheidend neue Bahn gelenkt wurde, da sich damit die Lehre der Imame zu politischer Bedeutung ausweitete und in der von Uldschaitu eingeleiteten Richtung weiterführte. Diesem Umstand ist das Erblühen der persischen Renaissance unter Schah Abbas I. dem Grossen zuzuschreiben.

Durch die offizielle Anerkennung des „Islam des Ali" tritt der Problemkreis des Zwölfer-Schiismus in den Vordergrund, „dem sich europäische Autoren bisher kaum gewidmet haben, ausser einiger weniger Gelehrter, unter denen Professor Henry Corbin

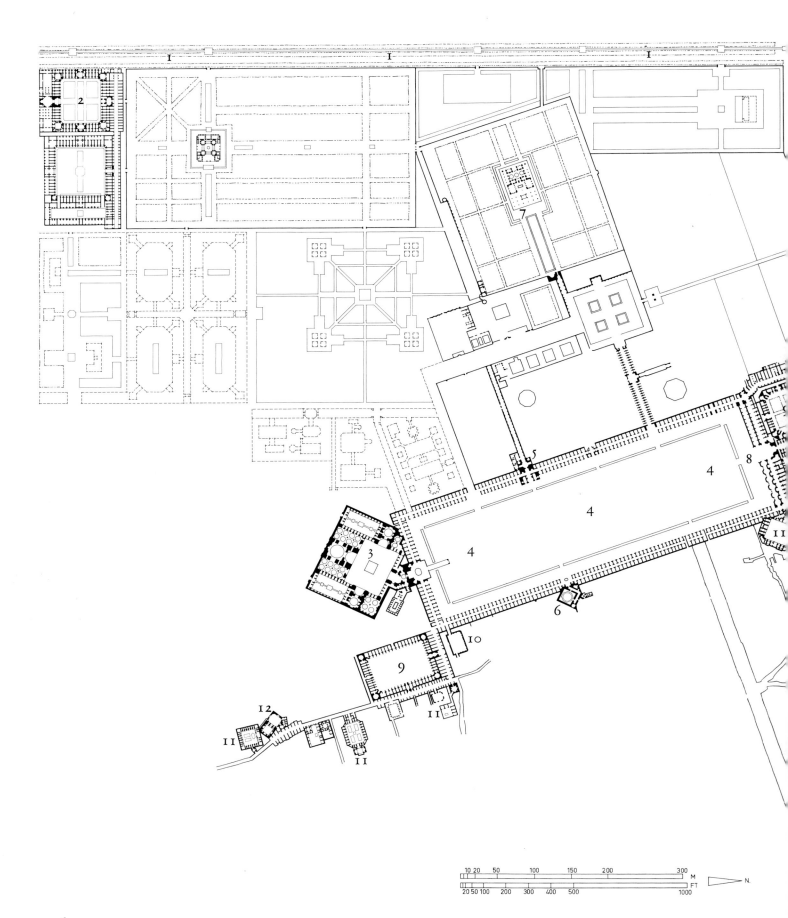

26

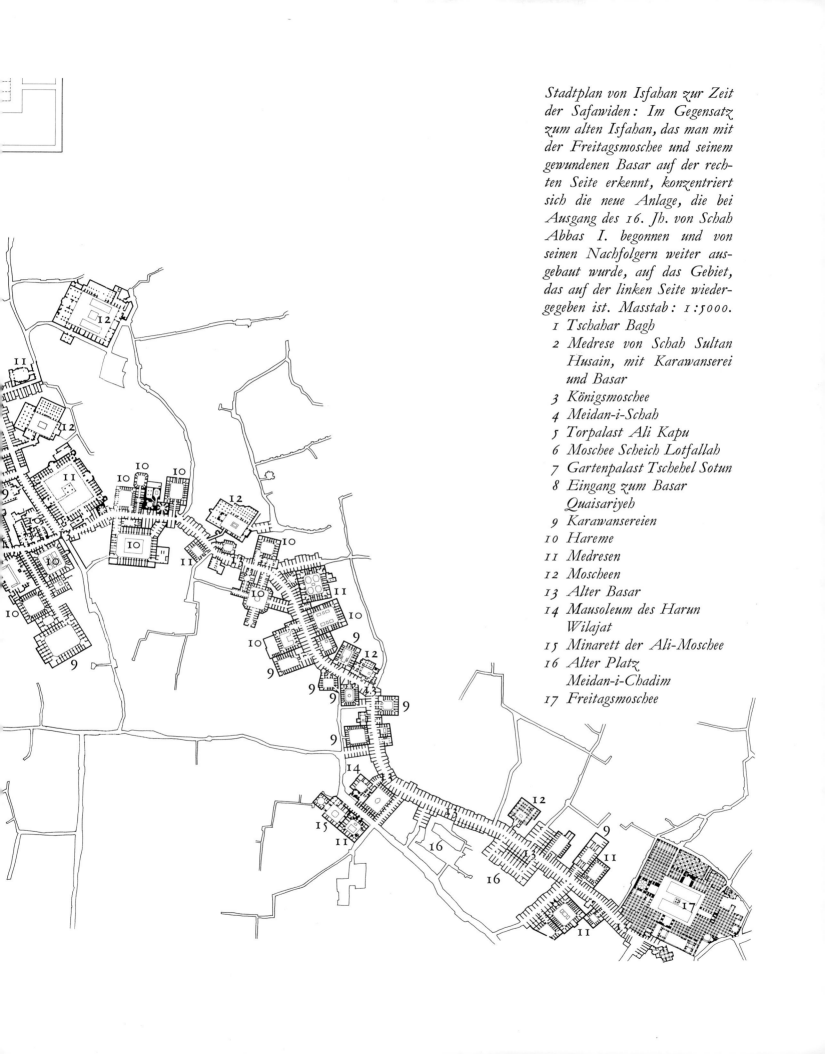

Stadtplan von Isfahan zur Zeit der Safawiden: Im Gegensatz zum alten Isfahan, das man mit der Freitagsmoschee und seinem gewundenen Basar auf der rechten Seite erkennt, konzentriert sich die neue Anlage, die bei Ausgang des 16. Jh. von Schah Abbas I. begonnen und von seinen Nachfolgern weiter ausgebaut wurde, auf das Gebiet, das auf der linken Seite wiedergegeben ist. Masstab: 1:5000.

1 Tschahar Bagh
2 Medrese von Schah Sultan Husain, mit Karawanserei und Basar
3 Königsmoschee
4 Meidan-i-Schah
5 Torpalast Ali Kapu
6 Moschee Scheich Lotfallah
7 Gartenpalast Tschehel Sotun
8 Eingang zum Basar Quaisariyeh
9 Karawansereien
10 Hareme
11 Medresen
12 Moscheen
13 Alter Basar
14 Mausoleum des Harun Wilajat
15 Minarett der Ali-Moschee
16 Alter Platz Meidan-i-Chadim
17 Freitagsmoschee

der sachkundigste sein dürfte" (Seyyed Hossein Nasr: „L'Islam, Perspectives et Réalités").

Die Religion des Zwölfer-Schiismus im Iran

Der Schiismus ist nicht immer wie selbstverständlich die Religion der grossen Mehrheit der islamitischen Iranier gewesen, obwohl letztere das eigentliche Bollwerk der Zwölfersi'a bilden und „die Perser von Anbeginn dem Schiismus zugewandt waren" (Nasr). Im 11. und 12. Jh. z.B. hatten sich die Musulmanen des Chorassan zeitweise der sunnitischen Richtung des Islam zugewandt, und im Reich der Seldschuken gehörten zahlreiche persische Rechtsgelehrte, Theologen und Wissenschaftler, so auch al-Ghazali, dem sunnitischen Glauben an. Die Herrscher jener Zeit verfochten sogar leidenschaftlich die islamische Orthodoxie und gründeten eine äusserst wichtige Institution, die Medrese, die Theologenschule nämlich, an welcher die Tradition der islamitischen Grundreligion gefestigt und gepflegt werden sollte.

Um die Glaubenswelt des Zwölfer-Schiismus, die in Europa bisher kaum Beachtung gefunden hat, besser zu erfassen, möchten wir im folgenden auf Studien zurückgreifen, die Hossein Nasr, Professor an der Universität Teheran und Geschichtswissenschaftler des Islam, sowie Henry Corbin, Professor an der Sorbonne („Ecole pratique des Hautes Etudes") verfasst haben.

Zwischen Sunnismus und Schiismus besteht zunächst ein Unterschied in der Wahl des Nachfolgers des Propheten Mohammed. „Die beiden Richtungen entwickelten sich zu unterschiedlichen Einheiten, als der Prophet seine irdische Laufbahn beendet hatte. (...) Eine kleine Gruppe von Musulmanen vertrat die Meinung, dass die Funktion des Gemeinde-Oberhaupts den Mitgliedern der Familie des Propheten vorzubehalten sei, so dass sie Ali, den Ehegemahl der Fatima und Schwiegersohn Mohammeds unterstützten. Man nannte diese Gruppe die ‚Partisanen' (auf Arabisch: Si'a)" (Nasr). Die Si'a Alis, d.h. seine Anhänger, die ihn unterstützten und ihm folgten, wurden die Gemeinde der Schiiten. Der Schiismus stellt also den Glaubenszweig einer Minorität innerhalb des Islam dar.

„Die Schiiten waren der Überzeugung, der Nachfolger des Propheten sei auch Hüter seines esoterischen Wissens und Deuter

Seite 29
Der Westliwan der Freitagsmoschee. Wie im Südliwan sind hier alle Stilrichtungen dieser Moschee vereinigt. Das Zellengewölbe mit seinen breiten, sphärischen Dreiecken, die sich in kunstvoller Gliederung gegeneinander abstützen, stammt aus dem 12. Jh., als unter dem Seldschukenherrscher Malik Schah gerade im Backsteinbau Geniales geleistet wurde. Die Ornamentik ist mehrmals restauriert worden, während die Umrahmung sogar unter Schah Sultan Husain (1694-1722), dem letzten Safawidenherrscher, eine tiefgreifende Änderung erfuhr, und zwar stammen die geometrischen Motive und kufischen Schriftzeichen aus dem Jahr 1701. Den Liwan krönt das Goldasteh aus Holz, von dem herab der Imam die Gläubigen im Moscheenhof anspricht.

aller religiösen Erkenntnis" (Nasr). Der Sunnismus hingegen „bekennt sich zu der Lehre, laut welcher der Zyklus der Prophezeiung mit Mohammed geschlossen sei, da er das letzte Glaubensgesetz offenbart habe. (...) Er ist das Siegel der Prophezeiung" (Henry Corbin).

An dieser Stelle tritt der Imam ins Bild. Es sind nämlich die Imame, denen bei den Schiiten die Aufgabe zufällt, das esoterische Wissen zu offenbaren und das Gesetz des Korans auszulegen. „In der Terminologie des schiitischen Islam erhält der Begriff ‚Imam‘ eine hervorragende Bedeutung", erklärt Henry Corbin, der sie der allgemeineren des „Führers" gegenüberstellt, „der sich bei der Verrichtung des Gebets voranstellt". Und die Schiiten behalten die Bezeichnung „Imam" lediglich den zwölf Nachkommen des Propheten vor, deren erster Ali, der Ehegemahl seiner Tochter Fatima war.

Wie ihr Name schon besagt, besteht die Zwölfersi'a aus zwölf Imamen, die den Kreis der Eingeweihten bilden. „Es ist eine Kette von Wissenden, denen als direkten Nachfolgern des Propheten die esoterische Auslegung der Offenbarung obliegt. (...) Der Imam ist Träger des ‚mohammedanischen Lichts‘. (...) Dieses Licht ist die Quelle allen prophetischen Wissens. (...) Es ist Logos. (...) Die Imame sind ausserdem Vermittler zwischen Mensch und Gott. (...) Ihre Gräber und die ihrer Nachfahren, der ‚Imamzadeh‘, sind Wallfahrtsorte und wichtige religiöse Stätten. (...) Die zwölf Imame sind die zwölf Gestirne des Zodiaks am geistlichen Firmament. In ihrem Mittelpunkt ruht der Prophet als Sonne, deren Licht die Konstellationen erhellt" (Nasr).

Seit Ali, der während der kurzen Zeit von fünf Jahren (656-661) als vierter Kalif in Kufa herrschte und dort ermordet wurde, sah sich das Geschlecht der Imame immer wieder Verfolgungen ausgesetzt. So starb der dritte Imam, Husain, als Märtyrer im 61. Jahr der Hedschra. Zur Zeit des sechsten Imam, Gafar as-Sadiq, beschloss der abbasidische Kalif al-Mansur, jeden töten zu lassen, der zum offiziellen Nachfolger gewählt würde; er hoffte, dadurch der schiitischen Bewegung ein Ende zu setzen, so dass die Imame sich in die Verborgenheit zurückziehen mussten. Harun ar-Raschid liess den siebenten Imam festnehmen und nach Bagdad überführen, während der achte, Ali al-Risa, der „Imam der Unterweisung", zwar von Mamun an den Hof von Merw, im Chorassan, berufen wurde, aber

*Grundriss der Freitagsmoschee
Masstab 1:800*

1 *Nordkuppel oder Gunbad-i-Khaki (1088)*
2 *Säulenhalle der Nordachse*
3 *Seitliche Säulenhallen*
4 *Nordliwan*
5 *Zentralhof*
6 *Lappenförmiges Wasserbecken*
7 *Reinigungsbrunnen*
8 *Westliwan*
9 *Ostliwan*
10 *Südliwan*
11 *Wintersaal*
12 *Medrese*
13 *Südliche Säulenhallen*
14 *Gebetssaal mit Südkuppel (1072)*

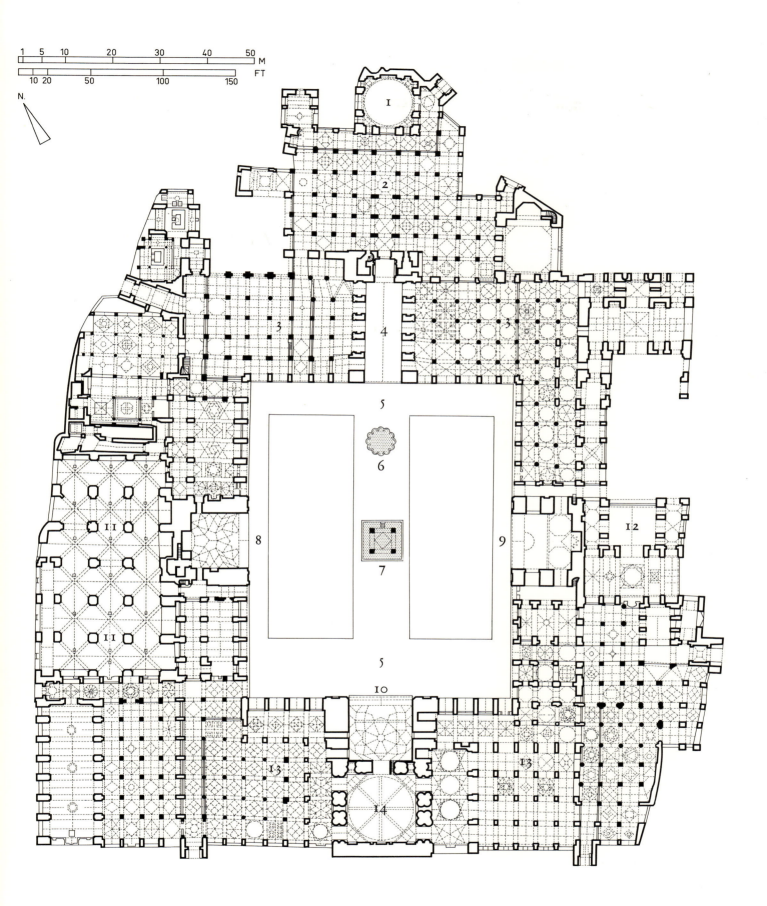

Seite 32
Ein grosses Zellenwerk, aus dem sich das Stalaktitengewölbe der islamischen Architektur entwickelte, bestimmt die Struktur des Westliwans in der Freitagsmoschee. Seine schlichte Ornamentik dürfte trotz starker Restaurierungsarbeiten ihren ursprünglichen Charakter bewahrt haben. Die sparsam eingesetzten Farbziegel im naturfarbenen Mauerwerk sind typisches Merkmal für den Seldschuken- und Mongolenstil des 12. bis 14. Jh. Die reiche Ausschmückung des Hauptmedaillons hingegen (unten im Bild), sowie der Rosette oben fällt in die Stilepoche von Schah Sultan Husain, also in den Beginn des 18. Jh.

Seite 34
Drei Details zum Südliwan der Freitagsmoschee; links, zwei viereckige Paneele aus Fayencemosaik ohne Datum, wahrscheinlich vom Ende des 15. Jh. Der Reliefdekor im oberen stellt eine Seltenheit dar. Rechts, der Schaft des Minaretts mit stark stilisierten kufischen Schriftzeichen, die aus Farbziegeln zusammengesetzt sind. Diese grossen Monogramme geben den Namen Allah wieder und stammen wahrscheinlich aus der Zeit eines der letzten Timuridenherrscher, Usun Hassan, der von 1453 bis 1478 regierte.

doch im Exil in Tus starb, wo sein Grab zu einem wichtigen religiösen Zentrum des Iran geworden ist. Der elfte Imam verbrachte sein Leben in der Verborgenheit von Samarra, und der zwölfte, letzte schiitische Imam war schliesslich Muhammad al-Mahdi, der sich ebenfalls „beim Tode seines Vaters in die Verborgenheit zurückzog. Zwischen 873 und 940 hatte er vier Vertreter, denen er sich bisweilen zeigte, um durch ihre Vermittlung die schiitische Gemeinde zu leiten. Diese Periode nennt man die ‚kleine Verborgenheit', welcher die ‚grosse Verborgenheit' folgte; sie währt bis heute fort, und die Schiiten glauben, dass Mahdi weiterhin lebt, doch im Unsichtbaren. (...) Am jüngsten Tag kehrt er auf die Erde zurück, um ihr Gerechtigkeit, Gleichheit unter den Menschen und Frieden zu bringen" (Nasr).

Die Schiiten beten zu Gott, er möge die Wiederkehr des Mahdi beschleunigen, des Messias der Zwölfersi'a, des Erlösers, des Imam des jüngsten Tages. Hier wird die Parallele mit dem bei den Aposteln und in der Apokalypse verankerten christlichen Parusieglauben unverkennbar. „Diese vollständige, ganzheitliche Gruppe von zwölf Imamen bildet die Versammlung der geistlichen Führer; sie sind Ausdruck und Hüter zugleich der göttlichen Offenbarung, führen also zum Verständnis des wahren Wesens dieser Offenbarung, zur Hermetik, zum Akt des Verstehens und des Verstehen-Machens allen verborgenen Seins, jenes ‚esoterischen' Sinnes, der hinter der wörtlichen, äusseren Erscheinung liegt" (Henry Corbin).

Zur Geschichte des Zwölfer-Schiismus gehören seit ihren Anfängen auch Verfolgung und Verbannung, und der Märtyrer gab es unter seinen Anhängern eine beträchtliche Zahl. Es war ein religiöser Glaube, der lange Zeit hindurch nur in der Heimlichkeit leben und gepredigt werden konnte, zumal die Imame selbst sich grösste Diskretion auferlegen mussten, was, wie Henry Corbin vermerkt, zu einer Arkandisziplin führte. Umso verhasster bekämpften die Anhänger der Staatsreligion, die um die „Orthodoxie" des islamischen Glaubens besorgten Sunniten, diesen Schiismus, der seine „Werbung" für die Zwölfersi'a nur verdeckt betreiben konnte und dadurch einen esoterischen Zug erhielt; denn die Lehre des Zwölfer-Schiismus versteht sich als „Gnosis des Islam".

Die Entwicklung der schiitischen Theologie stützt sich auf eine Reihe persischer Mystiker und Philosophen, die, in Europa fast unbekannt, einen tiefen Einfluss in ihrem Lande ausübten.

34

Es ist vornehmlich den Übersetzungen und Kommentaren von Henry Corbin zu verdanken, wenn wir heute zum Schrifttum der Schiiten Zugang finden, das uns das Verständnis der iranischen Seele und ihrer Religiosität ermöglicht. Jene Theologen, oder besser: Theosophen, wie Henry Corbin sie in Anlehnung an den griechischen Ursprung des Wortes zu nennen vorzieht (das ja „Gottesweisheit" bedeutet und sich auf die das Wissen als Gnosis verstehende Theorie der Erleuchtung bezieht), schöpften ihre hohe Spiritualität aus der Überlieferung der Hadithe (den Aussprüchen der Imame) und aus dem Werk einiger mystischer Philosophen des Lichts wie z.B. Suhrawardi (1155-1191), der mehrere Jahre lang in Isfahan tätig war und sich besonders für die Neubelebung der vorislamitischen Glaubenslehre des Mazdaismus einsetzte.

Anlässlich unserer späteren Untersuchung über die Symbolik der Architektur werden wir noch mehrmals sowohl auf Suhrawardi zurückkommen, dessen Werk Henry Corbin übersetzt und kommentiert hat, als auch auf einige andere Autoren, die Corbin die „Platoniker Persiens" nennt; ihre Schriften führen nämlich zu einem völlig neuen Verständnis der Sakralbauten im Iran und ihrer esoterischen Bedeutung.

Während der persischen Renaissance unter den Safawiden erlebte diese Glaubensüberlieferung eine ausserordentliche Blüte und führte zu einer neuartigen Geistesrichtung innerhalb der sogenannten Schule von Isfahan. Unter dem Einfluss der Gelehrten und Philosophen dieser Epoche bereicherten sich Sakralbauten und deren Ornamentik in Isfahan bis ins Detail mit einer Symbolik, die der iranischen Moschee ein völlig neues Gepräge verleihen sollte. Daher schien es uns unerlässlich, hier kurz auf diesen lebendigen und tief verwurzelten Glauben des Zwölfer-Schiismus einzugehen, dank dessen das Geistes- und Kunstschaffen des Iran eine gesonderte Stellung innerhalb der islamitischen Religionsgemeinde einnimmt.

Das Goldene Zeitalter der Safawiden

Wie bereits erwähnt, leitete Schah Ismail im Iran eine aussergewöhnliche Kulturepoche ein, die zwei Jahrhunderte dauern sollte. Er residierte zunächst in Täbris, wählte aber in seiner späteren Regierungszeit Kaswin zur Hauptstadt. In Auseinandersetzungen

Seite 35
Der Südliwan der Freitagsmoschee. Er spiegelt die gesamte Baugeschichte der Moschee wider. Die Grundstruktur stammt, wie beim Westliwan (s. S. 29 und 32), aus der Seldschukenzeit des 12. Jh., wofür auch hier die kaum ausgeschmückten Dreieckszellen der Nische sprechen. Das Schmuckwerk wurde jedoch in der Epoche der Timuriden, der Safawiden und schliesslich noch im 20. Jh. mehrfach restauriert oder bereichert. Die kräftige Umrahmung des Liwans und die schlanken Minarette verraten eine ältere Entstehungszeit, als man beim Anblick der reichen Fassadenornamentik vermuten möchte. Letztere stammt aus der Zeit des Usun Hassan, die Schriftbänder mit Versen aus der 48. Sure des Korans aus der Zeit des Schah Tahmasp (1524-1576).

Seite 37
Paneel der Innenornamentik im Südliwan. Stil, Farbkomposition, Eleganz und technische Meisterschaft dieser in Mosaik ausgeführten Vase mit Rankenwerk entsprechen der Schmuckarbeit am Portal des 1453 erbauten Mausoleums Darb-i-Imam; daher stammt dieses Paneel wahrscheinlich aus der Mitte des 15. Jh. Das Motiv der Vase wird in der Safawidenzeit wieder aufgenommen und tritt auch in der Teppichkunst jener Epoche in Erscheinung.

mit der Dynastie der Osmanen verwickelt, die sein Reich im Westen in der Türkei flankierten, wie auch mit den Usbeken im Nordosten, „war er 1508 Herrscher über ein mächtiges Reich, das sich von Bagdad bis Armenien und von der Ebene am oberen Euphrat bis zum Chorassan erstreckte" (Wiet).

Sein Nachfolger, Schah Tahmasp, der von 1524 bis 1576 regierte, sah sich ständig zu Kämpfen mit seinen Landesnachbarn gezwungen und verlor dabei sogar Bagdad. Nach einem Interregnum und der kurzen Erscheinung Ismails II. auf dem persischen Thron, sollte es schliesslich Schah Abbas I. gelingen, das Reich in eine seiner ruhmreichsten Phasen der Geschichte zu führen. Allerdings begann seine vierzigjährige Regierungszeit (1587-1629) eher unter schlechten Vorzeichen, denn „während gut zehn Jahren verlor er die Gebiete von Herat und Meschhed. Doch konnte er sie nicht nur zurückerobern, sondern sein Machtgebiet bis auf Balkh und, weiter südlich, auf Laristan und die Inseln im Persischen Golf ausdehnen" (Wiet). Schliesslich griff er die Türken im Jahr 1602 an und eroberte Aserbeidschan, Georgien und Mesopotamien.

Er leitete eine äusserst dynamische Aussenpolitik ein und schickte sogar eine Gesandtschaft nach Europa, die an den Höfen von Moskau, Prag, Valladolid und Lissabon, wie auch vom Papst in Rom empfangen wurde. Doch was letztlich seinem Regnum die unerhörte Grösse verlieh, war vor allem das Wiederaufleben der Künste. Denn in weit stärkerem Masse als seine Vorgänger förderte er alle künstlerischen Ausdrucksformen, von der Architektur über die Miniaturmalerei bis zum Teppichknüpfen, in denen sich der so originelle und einmalig „persische" Geschmack widerspiegeln sollte. Und in diesem Zusammenhang wurde Isfahan, das Abbas I. zur neuen Hauptstadt erkor, das Kleinod seines Reiches, ein Zentrum der Kunst und Kultur, deren Zauber die staunenden Reisenden aus dem Abendland geradezu hypnotisierte. Denn nun besass die Stadt zahlreiche, in prächtigen Farben leuchtende Bauwerke, von denen eines imposanter und prunkvoller schien als das andere; dazu kam der Meidan-i-Schah, dieser riesige Platz für Volksfeste, Polo und den Markt, den Abbas I. gegenüber seinem Palastbezirk hatte anlegen lassen. Am Rande dieses Platzes liess der Sultan auch als erste Moschee sein privates Bethaus errichten, die Moschee Scheich Lotfallah, der bald die grossartige Königsmoschee am südlichen Rand des Meidan folgte, welche dem zwölften, dem

Stadtplan von Isfahan: Wiederherstellung eines Gesamtplanes nach Nader Ardalan und Laleh Bakhtiar und ihrem Werk „The Sens of Unity", der sämtliche, von den Safawidenherrschern durchgeführte Projekte berücksichtigt:

1. *Meidan-i-Chadim*
2. *Freitagsmoschee*
3. *Alter Palast*
4. *Ali-Moschee*
5. *Basar*
6. *Meidan-i-Schah*
7. *Königsmoschee*
8. *Torpalast Ali Kapu*
9. *Eingang zum Basar Quaisariyeh*
10. *Moschee Scheich Lotfallah*
11. *Gärten der Wesire*
12. *Prachtallee Tschahar Bagh*
13. *Allahwerdi-Chan-Brücke*
14. *Tschahar-Bagh-Allee von Chadschu*
15. *Chadschu-Brücke*
16. *Senda-Rud-Fluss*

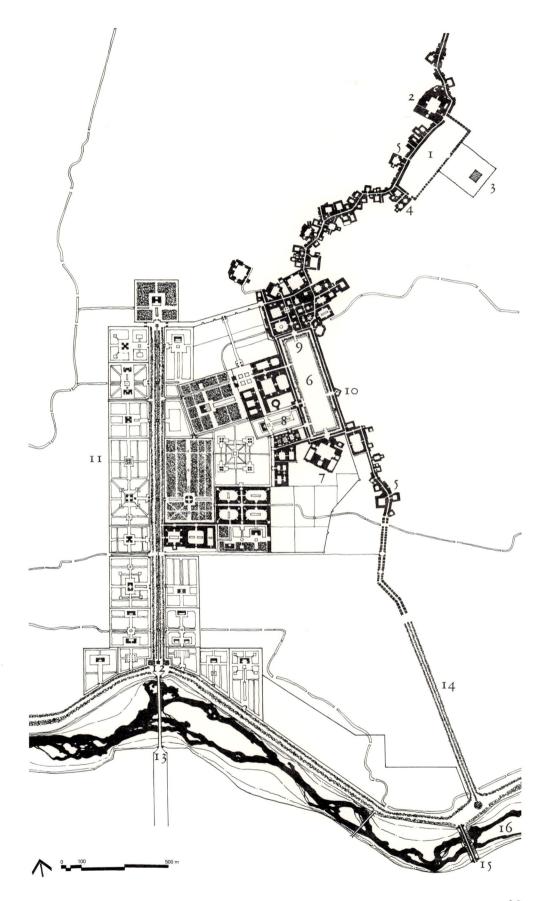

Seite 40
Die Südhalle der Medrese, die 1366 an die Ostflanke der Freitagsmoschee angebaut wurde. Das Stalaktitenwerk, das diese Mauer mit dem Mihrab schmückt, besteht aus Fayence und naturfarbenem Backstein; die Farbelemente treten hier noch mit grosser Zurückhaltung auf. Dieses Bauwerk entstand kurz nach der Mongolenherrschaft, bevor Tamerlan das persische Reich eroberte; es führt die Bautechnik der Seldschuken zwar weiter, doch wurden hier die grossflächigen Zellen des 12. Jh. sozusagen in Miniatur nachgearbeitet (s. S. 29 und 32).

Seite 42
Detail der Ornamentik oberhalb des Portals, das im folgenden Bild links sichtbar wird. Diese wunderschöne Arbeit aus der Timuridenzeit wurde 1447 von Saijed Mahmud ausgeführt. Das Band mit den hoch ausgezogenen Schriftzeichen, die Blumengirlanden und die Arabesken um den Portalbogen herum stellen eine bewundernswerte Schöpfung dieser Epoche dar.

Seite 43
Die zweigeschossigen Hofarkaden der Freitagsmoschee spiegeln sich im lappenförmigen Becken wider. Die Mosaikornamentik stammt aus dem 15. Jh., doch wurden hier zahlreiche Restaurierungen, besonders gegen Ende der Safawidenzeit vorgenommen. Erst später entstand wahrscheinlich das Ziegelgitter in den unteren Arkaden, hinter denen die Gebetshalle der Musaffariden aus dem 16. Jh. liegt.

verborgenen Imam Mahdi, dem Retter und Erlöser der Schiiten, geweiht wurde. Am anderen Ende dieses riesigen, über fünfhundert Meter langen Platzes liess er einen grossen Basar, den Quaisariyeh, errichten, zu dem man durch ein imposantes Tor gelangt, das gleichzeitig mit dem Portal zur Königsmoschee entstand.

Schliesslich kümmerte sich Abbas I. auch um den Strassenbau und die Anlage von Gärten und Parks, in denen er mehrere königliche Pavillons bauen liess. Auch Bewässerungsanlagen, Brunnen und Kanäle gehörten in seine Stadtplanung, und über den Senda-Rud-Fluss führte bald eine dreihundert Meter lange, in dreiunddreissig riesige Bögen unterteilte Brücke in Verlängerung der tausend und sechshundert Meter langen Prachtallee, der Tschahar Bagh, was auf Persisch die „Vier Gärten" bedeutet. Diese Allee, die man die Champs-Elysées von Isfahan nennen könnte, führt jenseits der Brücke zum Palastgarten auf dem rechten Flussufer, den Hasar Dscherib.

So unternahm dieser Herrscher ein Titanenwerk und verlieh durch seine herrlichen, prunkvollen Schöpfungen seinem Reich noch einmal jene Dimensionen, die es in der glanzvollen vorislamitischen Epoche gekannt hatte.

Die Entstehung des neuen Isfahan

Als der siebenundzwanzigjährige Schah Abbas I. nach zehnjähriger Herrschaft im Jahr 1598 beschloss, die Hauptstadt seines Reiches von Kaswin nach Isfahan zu verlegen, musste dieser Safawiden-Herrscher bereits bestimmte Pläne für die Urbanisation der neuen Stadt gefasst haben. Und wie sich im weiteren zeigen wird, beabsichtigte er als überzeugter Zwölfer-Schiit, die königliche Residenz nach dem Bild der Paradiesstädte zu erbauen, die der Koran und die Schriften der persischen Theosophen und Mystiker erwähnen.

So war er gezwungen, Isfahan völlig umzugestalten, dabei jedoch wichtige, bereits vorhandene Bauwerke in seinem neuen Plan zu berücksichtigen. Dazu gehörte in erster Linie die gewaltige Freitagsmoschee als frühestes Zentrum der Stadt; an ihrem Südrand, zugleich an der östlichen Flanke der Galerien des Basars, befand sich ein alter Stadtplatz, der Meidan-i-Chadim, den noch

42

weiter östlich der alte, aus der Blütezeit der Seldschukenherrschaft stammende Palast flankierte.

Der ehemalige Basar mit seinen überdachten Galerien, mit den Karawansereien, Medresen und kleinen Moscheen, die sich zu einem unentwirrbaren Labyrinth mit Innenhöfen ineinanderschachtelten, schlängelte sich frei und planlos durch das alte Isfahan. Schah Abbas behielt zwar seine süd-westliche Richtung bei, fügte ihm aber eigene Anlagen neu hinzu. So liess er am südlichen Ausgang des Basars, der auf den nord-östlichen Winkel des Meidan-i-Schah stösst, den ehemaligen Platz Naqsch-i-Dschahan vergrössern, wodurch er wahrscheinlich gezwungen wurde, in dem etwas weitläufigeren Gefüge des südlichen Stadtteils Einschnitte vorzunehmen.

Im Gegensatz zur vorgeschriebenen Anlage einer Moschee, in welcher die hintere Mauer als Richtungsweiser für das Gebet, die Kibla, senkrecht auf die Kaaba in Mekka ausgerichtet sein muss, lässt sich die Ausbildung des Meidan-i-Schah nur aus der vorgezeichneten Anlage des früheren Platzes Naqsch-i-Dschahan erklären. Dabei bleibt allerdings die Frage offen, ob der Herrscher nicht ursprünglich den Plan gehabt hatte, — noch bevor der Bau der Königsmoschee begann, — seinen Meidan im Süden mit einer alten Brücke aus der Timuridenzeit zu verbinden, an deren Stelle heute die Chadschu-Brücke steht. Diese Vermutung beruht auf der Tatsache, dass eine Allee, die Chadschu Tschahar Bagh, in genau der Richtung verläuft, in deren Verlängerung sie vom Meidan auf diese Brücke zuführt. Die Chadschu-Brücke wurde erst Mitte des 17. Jh. von Schah Abbas II. erbaut. Daher scheint die Annahme berechtigt, dass diese Orientierung von Anfang an ausschlaggebend für die gesamte Neuanlage war. Als man mit dem Bau der Moschee Lotfallah im Jahre 1602 begann, also nur vier Jahre nachdem Abbas I. seinen Sitz nach Isfahan verlegt hatte, war jedenfalls der Anlageplan des Meidan-i-Schah bereits vorgezeichnet, und zwar vor allem durch den Torpalast Ali Kapu, der sich gegenüber der Moschee Lotfallah befand. Dieser Palast stammte aus der Timuridenzeit, und bevor Schah Abbas ihn für seine Zwecke vergrössern liess, hatte schon Schah Tahmasp (1524-1576) dort residiert.

Während Schah Abbas diese erste Achse der Stadt erneuern und ausbauen liess, hatte er gleichzeitig die Anlage einer zweiten Zugangsstrasse beschlossen, eben der schon erwähnten Prachtallee Tschahar Bagh. Denn ebenfalls im Jahre 1602 wurde die Brücke mit

Seite 45
Das Ali-Minarett wurde Mitte des 12. Jh. errichtet (s. S. 17) und ist ein typisches Bauwerk aus der Seldschukenzeit. Farbig glasierte Ziegel sind nur sparsam für die geometrischen Schmuckmotive eingesetzt, wie man sie überall während dieser grossartigen Bauepoche des Islam findet. Heute misst das Minarett 48 m, ursprünglich muss es jedoch über 50 m hoch gewesen sein, als es noch einen dritten, obersten Aufbau besass. Der hier sichtbare obere Teil wurde vor kurzem völlig restauriert. In geringer Entfernung und unabhängig von diesem Minarett wurde unter Schah Ismail, dem ersten Safawidenherrscher, im Jahre 1521 das Mausoleum Harun Wilajat mit seiner blaugrünen Kuppel erbaut, deren Wölbung ganz leicht über den grossen Tambourunterbau hinausragt. Der Tambour selbst ist mit grossen kufischen Schriftzeichen geschmückt und durch eine auffallend elegante Hohlkehle mit der eigentlichen Kuppel verbunden, deren Ornamentik aus Blumenmotiven und etwas starren Arabesken besteht. Diese Fayenceverkleidung ist im Laufe zahlreicher Restaurierungen mehrfach geändert worden.

den dreiunddreissig Bögen gebaut, die Allahwerdi-Chan-Brücke, so benannt nach einem General Schah Abbas'.

Der Name jener Allee, Tschahar Bagh oder die „Vier Gärten", die über die Brücke zum Palastgarten Hasar Dscherib führt, erklärt sich daraus, dass sie an beiden Enden und ihrer ganzen Länge nach von einer Reihe der im Iran so traditionellen Parkanlagen begleitet wird, die sich, von Mauern umgeben, durch senkrecht auf sie zulaufende Kanäle in vier Gärten aufteilen, in deren Mitte jeweils ein Springbrunnen steht. Und eben diese Gärten finden wir in der Ornamentik gewisser Teppiche wieder. Sie tragen im Persischen übrigens auch die Bezeichnung „Paradies", was auf die vorislamitische Tradition des Mazdaismus im Iran zurückzuführen ist. Da man diese Gärten auch in den Residenzen der Sassaniden in Mesopotamien, z.B. in Ktesiphon, vorfand, hat das Bild der vom Euphrat und Tigris befruchteten Erde, mit der die arabischen Stämme dauernd in Berührung kamen, vielleicht die Paradiesvorstellung Mohammeds beeinflusst. Wie wir im folgenden (S. 184) noch sehen werden, erwähnt die Sure 55 die vier Paradiesgärten und nimmt damit für die schiitische Anschauung innerhalb der islamitischen Eschatologie einen besonderen Platz ein. Unsere Hypothese entbehrt also nicht einer Fundierung, doch müsste sie eingehender untersucht werden, was im Rahmen des vorliegenden Werkes leider nicht möglich ist.

Aus einer grossen Schau heraus hatte Schah Abbas ein neues Stadtbild von Isfahan geschaffen; auf dem auf S. 26-27 abgebildeten Plan der Safawidenstadt lässt sich leicht das alte (vor allem auf der rechten Seite wiedergegebene) Isfahan in seiner ursprünglichen, hauptsächlich aus der Seldschukenzeit stammenden Anlage mit den gewundenen Gassen vom neuen Isfahan unterscheiden, das Schah Abbas nach einer rigurosen, kühnen Planung mit gradlinigen Perspektiven erbaute, um diese Hauptstadt Persiens zu einem Symbol von Grösse, einem wahren Paradies auf Erden zu erheben. Es muss den Betrachter auf den ersten Blick überraschen, wie weit sich der bewusste, strenge Urbanismus der Neustadt von der Auffassung der traditionellen Architektur im alten Stadtteil mit seiner völlig spontanen Planung entfernt hat.

Schah Abbas der Grosse, der schönheitsbewusste Herrscher im Goldenen Zeitalter der Safawiden, hatte zu Beginn des 17. Jh. geniale Planung auf bereits Vorhandenes abzustimmen gewusst und dank seines künstlerischen Empfindens eine Stadt neu geprägt, in welcher laut zeitgenössischer Berichte europäischer Reisender bis zu 600 000 Einwohner lebten.

Die Safawiden-Renaissance, die eine Stadt wie Isfahan mit ihren zahlreichen, in farbige Fayence gekleideten Bauten hervorgebracht hat, stellt in der persischen Zivilisation einen einmaligen Höhepunkt dar, welcher den höchsten Gedanken der von Philosophen und Mystikern des Zwölfer-Schiismus entwickelten Theologie Form verliehen hat. Und das möchte diese Studie in den folgenden Kapiteln verdeutlichen.

Kapitel II
Die persische Stadtplanung

Erste Berührung mit Isfahan

Bis ins Unendliche scheint sich die Silhouette der Bergzüge am Horizont zu verlieren, die auf dem Wege nach Isfahan die weiten Einöden begleiten. Doch dann steht man plötzlich vor einem grossen, offenen Becken, in dem die königliche Stadt ruht. Sofort wird der Beschauer von dem ungeheuren Kontrast überrascht, den jene Sand- und Felsenwelt mit dieser riesigen Oase, diesem fruchtbaren, grünen Becken bildet, aus dem Kuppeln und Häuser herausragen und die Weite der Stadtanlage verraten, während das Laubwerk der grossen Platanen sich wie ein abschirmendes Gitter über die Bauwerke zu decken scheint.

Zu Zeiten Schah Abbas' muss dieser erste Eindruck noch viel frappanter gewesen sein, denn damals gab es noch keine Betonbauten und riesigen Häuserkomplexe, wie sie heute mehr und mehr das Gesicht der Stadt verunstalten. Zu jener Zeit hatten sich aus der dichten Vegetation nur die Kuppeln wie grosse, glänzende Blasen abgehoben, die sich unter der Sonne blähten und in ihrem strahlenden, grün-türkisfarbenen Kleid so wunderbar zum zarten Laubwerk des Frühlings passten.

Die Vegetation, die den Ankommenden so überrascht, war im Isfahan des 17. Jh. sicher üppiger als heutzutage, denn inzwischen hat man zahlreiche Gärten, Parkanlagen und Alleen der „Urbanisierung" und dem Autoverkehr geopfert. Die Dominante Grün

Seite 48
Das Portal des Mausoleums Harun Wilajat. Diese herrliche Mosaikarbeit in tiefem Ultramarin mit ihrer reichen Pflanzenornamentik stellt einen künstlerischen Höhepunkt in der Safawidenzeit vor Schah Abbas dar. Die beiden grünen Pfaue im Hauptdreieck des Gewölbes, die man auch in der Königsmoschee findet, symbolisieren im Islam die ewigen Gärten des Jenseits.

hatte die Reisenden des „Grand Siècle" schon in Erstaunen versetzt, obschon man zu jener Zeit mit Grünflächen wesentlich verwöhnter war als heute. Umso bemerkenswerter ist es daher, dass Sieur André Daulier Deslandes, Verfasser einer 1673 in Paris erschienenen Reisebeschreibung mit dem Titel „Les Beautez de la Perse" (Die Schönheiten Persiens) bei seiner Ankunft in Isfahan sofort auf diesen Aspekt hinweist und schreibt: „Die grosse Anzahl von Gärten in und rund um die Stadt verwandeln diese in einen Wald mit einigen Häusern und Moscheen, deren Kuppeln und Türme eine recht hübsche Wirkung erzielen."

Die Hauptstadt des persischen Reiches war zur Zeit, als die Untertanen Ludwigs XIV. sie besuchten, eine grüne Stadt, jedoch keineswegs Marktflecken oder Provinznest. Der soeben genannte Reisende des 17. Jh., der Isfahan in all seiner majestätischen Grösse fünfzig Jahre nach dem Tode Schah Abbas', aber fünfzig Jahre vor dem Sturz der Safawiden-Dynastie und den furchtbaren Zerstörungen durch die Afghanen gesehen hatte, ergänzt seine Beschreibung mit der Bemerkung: „Hispahan oder Spahan ist ebenso gross wie Paris."

Ein anderer französischer Besucher, Jean Chardin, der in Isfahan von 1673 bis 1677 lebte, scheut sich nicht zu behaupten: „Die Stadt Isfahan, ihre Vorstadtviertel einbezogen, ist die grösste Stadt der Welt und misst nicht weniger als vierundzwanzig Meilen im Umkreis. Von welcher Seite man auch immer die Stadt betrachtet, sie gleicht stets einem Hain, aus dem sich nur ein paar Kuppeln und kleine, aber sehr hohe Türme abheben; letztere gehören zu den Kuppeln und dienen als Glockentürme für die Mohammedaner" (natürlich sind damit die Minarette gemeint).

Jean-Baptiste Tavernier, einer der ersten reisenden Händler des Abendlandes, der Persien besuchte und im Jahre 1632 in der von Schah Abbas neu geschaffenen Hauptstadt eintraf, berichtet seinerseits: „Der Umkreis von Isfahan, die Vororte mit einberechnet, ist wohl fast ebenso gross wie der von Paris. Es ist nicht verwunderlich, dass sich diese Stadt über eine so beachtliche Fläche ausdehnt, denn jede Familie hat ihr eigenes Haus und fast jedes Haus seinen Garten. Aus welcher Richtung man sich auch der Stadt nähert, stets entdeckt man zunächst die Türme der Moscheen und die Bäume, die die Häuser umgeben, so dass Isfahan von weitem eher einem Wald als einer Stadt gleicht."

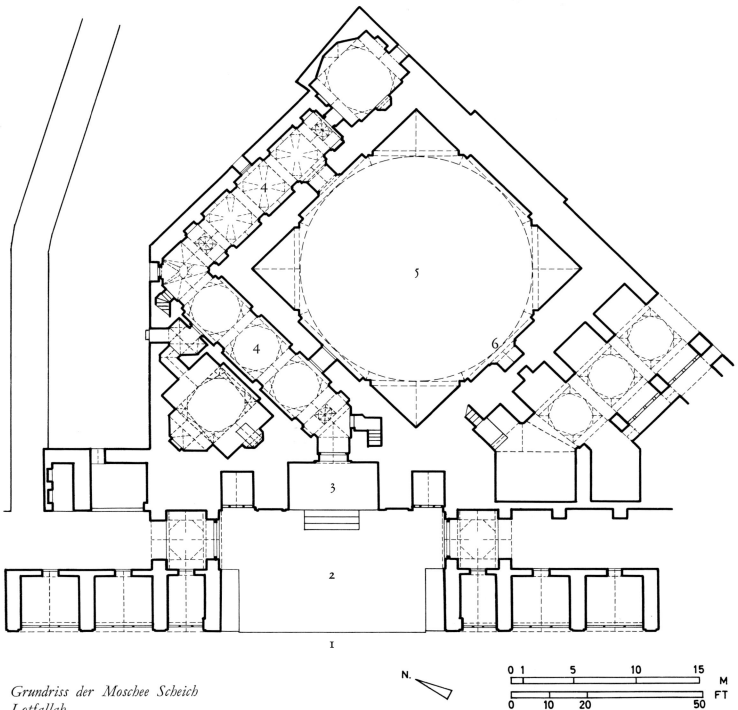

Grundriss der Moschee Scheich Lotfallah
Masstab 1 : 300

1 Meidan-i-Schah
2 Eingang zur Moschee
3 Portal mit Stalaktitenwerk
4 Gänge
5 Überwölbte Gebetshalle
6 Mihrab

Hundert Jahre nach der grossen Verwüstung, die dem Sturz der Safawiden-Dynastie folgte, hielt sich der französische Architekt Pascal Coste im Jahre 1840 in Persien auf; er vermass und zeichnete die wichtigsten Bauwerke von Isfahan und schrieb in seinem ausgezeichneten Werk „Monuments modernes de la Perse" (Moderne Bauten in Persien), das 1867 in Paris erschien: „Wenn sich ein Reisender aus einer beliebigen Richtung Isfahan nähert, bemerkt er sofort, dass er sich vor einer ausgedehnten, schönen Stadt befindet. Trifft er im Sommer dort ein, überdecken die Gärten ausserhalb und in der Stadt alles mit ihrem grünen Blattwerk und entziehen die eher niedrigen Bauten dem Blick. Nur die Minarette der zahlreichen Moscheen, die über das ganze Stadtgebiet verteilt ihre eleganten Spitzen in die Luft strecken, vermitteln dem Besucher sofort ein Bild von der Weite der Stadt."

Einige Jahre später bestätigt Gobineau diesen Eindruck, wenn er über die Ankunft vor Isfahan bemerkt: „Wir verliessen das Gebirge und erblickten die Stadt in der Senke eines Amphitheaters, das sich gen Norden und Osten öffnet, im Westen und Süden hingegen von hohen Bergen begrenzt wird. Dieser erste Anblick der Stadt ist von unerhörter Schönheit. Denn Isfahan bietet sich dem Auge dar als eine von Gärten umgebene und von Baumgruppen durchsetzte Stadt, über die sich die Kuppeln einer recht grossen Anzahl Monumente erheben."

In seiner Reisebeschreibung „Vers Ispahan" (Reise nach Isfahan), die 1904 erschien, macht Pierre Loti dieselbe Beobachtung und erwähnt in diesem Zusammenhang: „Im Morgengrauen endlich Aufbruch nach Isfahan! Eine Stunde lang führt uns der Weg durch eintöniges Wüstengebiet mit aufgewelltem, braunen Lehmboden, der wie geschaffen scheint, die Überraschung noch zu steigern, bevor die Stadt der blau schimmernden Kuppeln inmitten der Frische verheissenden Oase sichtbar wird. Man meint, der Vorhang gehe über einer Theaterbühne hoch, denn plötzlich treten zwei kahle Berge vor uns auseinander, und ein Garten Eden enthüllt sich langsam unserem Blick. Im Vordergrund grüssen Wiesen mit grossen weissen Blüten, die im Kontrast zur staubigen Monotonie der Wüste wie weisser Schnee das Auge blenden. Dann erscheint ein regelrechter Wald mit Pappeln, Weiden, Eichen und Platanen, bis man die vielen blauen Kuppeln und die zahllosen blauen Minarette von Isfahan entdeckt! Es ist ein Hain und zugleich eine Stadt."

Seite 53
Am grossen Platz Meidan-i-Schah liegt diese asymmetrisch angesetzte Fassade der von Schah Abbas zwischen 1602 und 1618 erbauten Moschee Scheich Lotfallah. Durch die Achsenverschiebung zwischen Eingangsportal und Kuppel wird jegliche Monumentalwirkung vermieden. Die hellbraune Grundfarbe der matten Naturziegel verleihen der Kuppel einen überraschend zurückhaltenden Ton, von dem sich das farbig leuchtende Rankwerk der Ornamentik abhebt. Diese noch ganz reine Form der Kuppel trifft man in der späteren Architektur Persiens nicht mehr an.

Eine Gartenstadt

Da bei allen Autoren der letzten Jahrhunderte dieselbe Beobachtung immer wieder in den Vordergrund tritt, müssen wir die Stadtplanung Isfahans als eine völlig eigenständige Lösung betrachten. Allen Besuchern, noch bevor sie nach ihren langen und beschwerlichen Anmärschen die Safawiden-Hauptstadt betraten, ist im Vergleich zu anderen, ihnen bekannten Stadtanlagen stets dieses selbe Phänomen des üppigen, alles ausfüllenden Grüns, der Baumgruppen, eines Hains, ja eines Waldes als erstes aufgefallen.

So dürfen wir Isfahan wohl zu Recht eine Gartenstadt nennen. Doch um ein solches Wunder, eine solche Stadtoase mitten in der Wüste zum Blühen zu bringen, bedurfte es einer intensiven Bewässerung, die durch den Senda Rud möglich wurde. „Aus diesem Fluss wird das Wasser in zahlreichen Kanälen abgeleitet. Sämtliche Bewässerungskanäle von Isfahan und dem umliegenden Gebiet werden aus ihm versorgt", erklärt G. A. Olivier in seiner „Voyage dans l'Empire Othoman, l'Egypte et la Perse" (Reise in das Reich der Osmanen, nach Ägypten und Persien), die er auf Anordnung der Regierung in den ersten sechs Jahren der Französischen Republik unternahm; seine Beschreibung erschien im Jahre 9 der neu eingeführten Zeitrechnung in Paris (1802). Auf dieses dichte Bewässerungsnetz haben übrigens fast alle Autoren hingewiesen, wenn sie die „Bäche, die in der Mitte der Alleen dahinfliessen", die „herrlichen Wasserbecken" oder auch die „mit gehauenem Stein ausgelegten Kanäle, durch die ein Bach rinnt" erwähnen.

In einigen Vierteln von Isfahan kann man noch heute die Überreste dieser für die Stadt so charakteristischen Wasserkunst finden. Besonders in privaten Wohnvierteln mit Gärten gibt es noch jene zauberhaften Bäche, die von Pappeln oder Platanen gesäumt dem Lauf der Gassen folgen, welche sich zwischen den hohen, die Innengärten der einzelnen Wohnhäuser begrenzenden Lehmmauern dahinschlängeln, wie Tavernier sie beschreibt. Diesen traditionellen Typus eines Wohnviertels beschreibt Pascal Coste noch genauer: „Die Privathäuser von Isfahan, wie im ganzen Orient, besitzen keine einheitliche Fassade zur Strasse hin, sondern erst durch einen Hof oder Garten gelangt man zum Hauptgebäude."

Heute ist diese Struktur fast gänzlich aus dem Stadtzentrum verschwunden, doch bildete sie zu Zeiten Schah Abbas' die Regel.

Seite 55
Das Eingangsportal der Moschee Scheich Lotfallah mit seinem Stalaktitengewölbe. In dieser Fülle kleiner Zellen drückt sich bereits eine starke Abwendung vom ursprünglichen Seldschukenstil aus, der im Süd- und Westliwan der Freitagsmoschee noch voll erhalten war. Die herrliche Mosaikverkleidung der Nische verschmilzt, aus der Entfernung betrachtet, zu einer grossartigen Einheit, deren füllige Pracht sich fast in Schlichtheit verwandelt.

Damals bestimmten die kleinen, die Zugangswege begleitenden Wasserläufe, welche die einzelnen Wohnviertel versorgten, eine unregelmässige Grenzlinie zwischen den jeweiligen Häusergruppen. Es handelt sich hier um ein Charakteristikum des islamischen Urbanismus, denn in Persien wie in der osmanischen Türkei, in der die volkstümliche Bauart hingegen anders beschaffen ist, finden sich kaum gerade ausgerichtete Linien im Stadt-Grundriss. Erst die grossen, aus einer Gesamtschau einer globalen Planung geborenen Anlagen weichen von dieser Tradition ab. Solche Neuschöpfungen im Urbanismus waren stets das Werk eines königlichen Herrschers, der sich nicht scheute, im vorhandenen, einem Marktflecken in der Oase gleichenden Stadtgefüge Einschnitte vorzunehmen, um durch die Gründung grossartiger Neuanlagen eine echte Reichshauptstadt zu schaffen. Jenes alte Stadtgefüge ist übrigens das Resultat eines organischen Wachstums, das sich stets auf dieselben Grundelemente, nämlich das einstöckige Wohnhaus aus getrocknetem Lehm, rohen Ziegeln oder Stampferde mit einem kleinen, von hohen Mauern eingefassten Hof stützte. Diese Kernzelle der menschlichen Behausung findet man in allen Ortschaften des Gebietes von Isfahan, im Herzen Persiens. Und überall tragen die Häuser flache, terrassenähnliche Dächer, auf die man sogar oft hinaufklettern kann.

Der Basar, Hauptader der Stadt

Auf diese vorgezeichnete Stadtordnung, diese traditionelle Architektur bezieht sich dann Anbau und Erweiterung in Form von Plätzen, öffentlichen Gebäuden, Moscheen und Basars, ohne den weiten Palastbezirk zu vergessen, in dem die Herrscher wohl abgesteckte Gärten mit gradlinigen Kanälen, rechteckigen Wasserbecken, mit Fontänen und Springbrunnen anlegen liessen.

Zwar besass schon das ältere Isfahan einen Basar, doch zeichnete auch er sich durch einen völlig planlosen Verlauf aus, dem die Gassen des ganzen Viertels folgten. Dennoch bildet der Basar seit jeher ein polarisierendes Element innerhalb der Stadt. Unter der langen, von Gewölben überdachten Galerie treffen sich Kunden und Handwerker, wo sie vor der brennenden Sonne im Sommer und dem Schneegestöber und den Regengüssen im Winter geschützt sind. Er verursacht ausserdem eine gewisse Siedlungsdichte, denn

Seite 57
Das Eingangsportal der Moschee Scheich Lotfallah. Der Liwan mit Stalaktitengewölbe ist umgeben von einem Fliesendekor aus farbigen „kashi" und weist die typischen Schmuckelemente der Safawidenzeit auf, obwohl er erst im Jahr 1959 angefertigt wurde. Der hohe Mauersockel ist mit gelbem Marmor aus Jesd verkleidet. Eine Ornamentik dieser Eleganz findet man höchstens noch am Eingangsportal der Königsmoschee, obschon dort nicht mehr dieselbe heitere Ruhe herrscht, die der ersten, von Schah Abbas gebauten Moschee ihren besonderen Charme verleiht.

an dieser Arterie des Handels und Stadtlebens nehmen die Wohnhäuser gern allen vorhandenen Platz ein und beeinträchtigen sogar oft die Gartenflächen, so dass letztere in unmittelbarer Nachbarschaft des Basars fast total verschwinden. Wenn der Basar einerseits den Hauptanziehungspunkt für alle Innungen und Zünfte, für Handwerker und Händler bildet, die sich nach Ständen gruppieren und voneinander unterscheiden, so muss er andererseits auch über eine Reihe ziviler und sakraler Bauten verfügen wie den Karawansereien, den öffentlichen Bädern, — den „Hammams" — den Moscheen und Medresen, damit die zahlreichen Gläubigen zur täglichen Verrichtung der fünf erforderlichen Gebete nicht allzu weite Entfernungen bis zur nächsten Moschee zurückzulegen brauchen, und die Händler, die ihre Ware oft von weither mit Karawanen zum Basar geschafft haben, an Ort und Stelle Aufnahme und Unterkunft finden.

Damit wird der Basar zur Hauptader einer Ortschaft, zu ihrem Rückgrat, auf das sich all ihre lebenswichtigen Funktionen konzentrieren. In unmittelbarer Nachbarschaft sind auch die Stadtbehörden und Sozialverwaltung untergebracht, der Boden ist am dichtesten besiedelt, die Bevölkerung am zahlreichsten, und alle Zünfte und Handelsgruppen sind hier vertreten. Wenn der Fürst seine Stadt umstrukturieren will, muss er also dem Basar in erster Linie seine Aufmerksamkeit schenken und ihm eine feste Ordnung und Verwaltung verleihen. Als Stadtplaner muss er die neuen, wichtigen Bauten in direktem Anschluss an den Basar errichten lassen, als Architekt in dessen Verlängerung im bereits vorhandenen Stadtgefüge die nötigen Einschnitte für seine selbstbewussten, straff durchorganisierten Neuschöpfungen vornehmen, wodurch ein deutlicher Kontrast zum früheren, frei erwachsenen Stadtteil entsteht.

Raum und Fläche im persischen Stadtplan

Letztlich aber gilt für die volkstümliche Bauweise wie für die kunstvoll geplante und ausgeführte Architektur, — wir dürfen hier die Parallele mit dem Begriff der Volksmusik und der kunstvollen Komposition ins Bild beziehen, — dieselbe, auf einigen raumgebundenen Charakteristika beruhende Regel, nämlich dass die gesamte

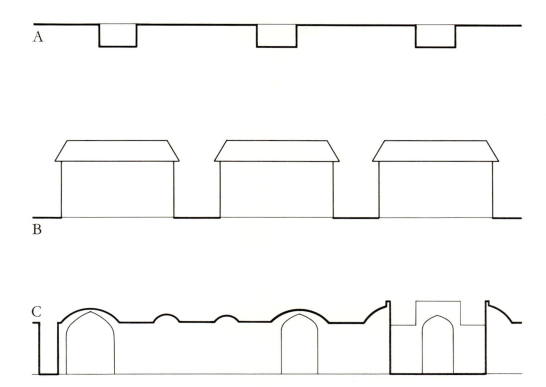

Optische Bezugsebenen
A eine in Lössboden gegrabene, unterirdische Ortschaft in China;
B eine abendländische Ortschaft, in der die Strasse zum wichtigsten Anhaltspunkt wird;
C eine persische Ortschaft, deren Hausdächer eine zusammenhängende Einheit bilden, welche vom Moscheenhof schachtartig unterbrochen wird.

Stadtarchitektur von den Konstanten einer gewissen Mentalität durchdrungen ist. Der Grundtypus von Raum und Fläche ist bei der von einem Fürsten gelenkten, streng durchplanten Architektur derselbe wie im alten, spontan gewachsenen Isfahan und in ganz Zentralpersien. Da erwähnte Konstanten ein für diesen Urbanismus typisches Raumverständnis bedingen, wollen wir im weiteren näher auf sie eingehen, zumal sich darin ein ganz bestimmter Lebensstil ausdrückt; man hat bisher wohl kaum genügend darauf hingewiesen, dass die damit verbundene Raum- und Flächengestaltung als Resultat einer Mentalität zu verstehen ist.

Bestimmend für Urbanismus und Architektur in Persien ist das fliessende Raumgefüge. Eine Raumeinheit führt in die nächste, ohne dass es je eine Unterbrechung gäbe oder die Notwendigkeit, eine aus Raum und Fläche geschaffene Atmosphäre zu verlassen. Man bewegt sich vielmehr in einer kunstvoll angelegten Folge von Übergängen, in der jedes Gebäude Teil eines harmonischen Ganzen ist. Es gibt in dieser Ganzheit nie ein isoliertes Bauwerk, das wie verloren dasteht, sondern alles ordnet sich in das Stadtgefüge ein, das von einigen Hauptadern, den Verkehrswegen und Basaren, durchzogen wird und zugleich seine Schwerpunkte in den Höfen und Plätzen findet.

Seite 60
Den Tambour der Moscheenkuppel Scheich Lotfallah artikulieren zweiteilige Mosaikpaneele und sechzehn Fenster, die zur grossen Gebetshalle (s. S. 63 und 65) gehören. Darüber umläuft ein Schriftband den Kuppelfuss. Die Paneele zwischen den Fenstern geben in kufischer Schrift einen Anruf an Allah wieder.

Seite 62
Ein Monogrammstern aus einem der Paneele am Tambour der Moschee Scheich Lotfallah. Die farbigen, zu geometrischen Linien kunstvoll zusammengesetzten Ziegel geben in kufischen Schriftzeichen die Namen Allah, Ali und Mohammed wieder. Die Stilisierung ist hier so weit getrieben, dass die Schrift zu abstrakter Ornamentik geworden und selbst für Perser nur schwer lesbar ist.

Seite 63
Eines der sechzehn Fenster unter der Kuppel der Moschee Scheich Lotfallah. Dieses mit Farbmosaik verkleidete Ziegelgitter in den Fenstern soll die Mauerstärke des Tambours optisch mindern, der ja eine doppelschalige Überdachung zu tragen hat, wie sie seit der Errichtung des Mausoleums von Uldschaitu Chodabende Anfang des 14. Jh. in der persischen Architektur üblich geworden war.

Ein Bruch zwischen den einzelnen Elementen wird dadurch vermieden, dass die Kernpunkte des Konstruktionsplans in eine homogene Gesamtheit einschmelzen. So überdecken Bögen, Gewölbe oder eine Reihe von Kuppeln die Strassen und Gassen, die sich wie unterirdische Gänge durch ein Stadtviertel schlängeln. Jedes Viertel ist ein Ganzes für sich wie ein Häuserblock bei uns, nur sind im Falle der persischen Konzeption die Einzelelemente stark der Gesamtheit eingepasst und nicht so individualistisch ausgeprägt wie bei uns. Man bewegt sich dort stets innerhalb eines bestimmten Raumes, d.h. ‚in' einer, oft überdeckten, Strasse, ‚im' Hof eines Wohnhauses, ‚in' einer Medrese, einer Karawanserei, einer Moschee, auch ‚in' einem Stadtplatz, den eine zusammenhängende „Umgebung" begrenzt. Solcher Plätze gibt es im Abendland nur ganz wenige, da die meisten, mit diesem Wort bezeichneten Punkte ja durch Strassenkreuzungen gebildet werden; zu den Ausnahmen gehören die Place des Vosges in Paris, die Plaza Mayor in Madrid und die Piazza Navona in Rom, auf die sich der italienische Reisende Pietro della Valle bereits beruft, als er 1617 Isfahan besuchte; die Place de la Concorde oder der Etoile in Paris entsprechen diesem Begriff hingegen nicht.

Die Architektur im Iran der Safawiden versteht sich also nicht als ein Zusammenstellen einzelner, voneinander getrennter Gebäude, sondern als fest umrissene Räumlichkeit, in der die bebaute Fläche einer rhythmischen Ordnung unterliegt. Die Homogenität dieser Fläche drückt sich dabei in erster Linie in der ununterbrochenen Dächerfolge aus, was sofort auffällt, wenn man auf die ganze Stadt hinabschaut. Diese flachen oder gewölbten Backsteindächer über den Häusern und Basaren bilden eine Art Bezugsebene, einen künstlichen „Fussboden", der sich aber auf der Höhe des zweiten Stockwerks befindet und an eine von Dünen durchzogene Wüste erinnert. Zwei unterschiedliche Akzente durchbrechen jedoch diese, sich über die Stadt dehnende Fläche, nämlich die „Schächte" der Innenhöfe und die „Einstürze" der Platzanlagen einerseits und, im Gegensatz dazu, die „Erhöhungen", die von den Kuppeln und Minaretten der öffentlichen Gebäude, der Moscheen und Medresen gebildet werden.

Diese beiden Typen der Unterbrechung, die „Löcher" und „Höcker", sind die einzigen Elemente, die in der waagerechten Einheit der Dächer das Moment der Variation hervorrufen.

Übrigens wirkt diese ungleichmässige, den Erdboden einer europäischen Stadt sozusagen ersetzende Dächerebene oft ziemlich belebt, denn man steigt gern auf die Dachterrassen, um sich an der frischen Abendluft zu laben.

Auch der Strassenverkehr spielt sich unter dieser Überdachung ab, entweder in den „Tunneln" der Basare und den abgedeckten Gassen oder in den „Schluchten" gleichenden Strassen mit ihren Bewässerungskanälen, die zugleich dem Kanalisationsnetz angeschlossen sind.

Zu den „Höckern" gehören nicht nur die grossen Kuppeln der Moscheen, sondern auch jene plastischen Unterbrechungen, die vom dichten Astwerk der Bäume, wie Platanen, Pappeln und Espen, gebildet werden und in Gärten, den Höfen der Medresen, rings um einen Platz oder eine Strasse entlang gepflanzt wurden, oft auch die Bachufer und gradlinigen, von den Fürsten angelegten Prachtstrassen begleiten.

Wenn wir dieses eher überraschende Bild der persischen Stadt dem einer europäischen Stadt gegenüberstellen, drängt sich vor allem folgender Unterschied auf: in der europäischen Stadt bilden die Häuser, als Einzelbauten oder zu Reihen zusammengesetzt, ein Viertel oder einen Block auf dem Erdboden. Die freie Erdebene verengt sich in den Gassen und verbreitet sich in den Alleen und Plätzen; sie bleibt jedoch stets die natürliche, selbstverständliche Grundfläche, der die Gebäude aufgesetzt sind. Hier tritt jedes Haus, da es stets eine mehr oder minder imposante Aussenfassade vorweist, als individuelles Element deutlich hervor.

Von den Kreuzungen der grossen Verkehrsstrassen und einigen modernen Trichtern abgesehen, die heute den Eingang zu unterirdischen Garagen bilden, gibt es in dieser europäischen Grundfläche keine andere, einem „Schacht" oder „Einsturz" gleichende Öffnung.

Die persische Stadt hingegen besitzt die Originalität, sich auf drei verschiedenen Ebenen zugleich zu bewegen. Die wichtigste wird von den flachen Dächern gebildet und verbirgt den grössten Teil des Erdbodens unter sich; die zweite, darunter liegende Ebene besteht aus den Verkehrsverbindungen und Plätzen und bricht überall Löcher in das Stadtgefüge; die dritte Ebene schliesslich entsteht durch die „Herausragungen", welche die allgemeine Decke durchbrechen.

Seite 65
Die herrliche Kuppel der Moschee Scheich Lotfallah erhebt sich über einer quadratischen Halle von 19 × 19 m Grösse; sie wird von vier unprofilierten Trompen gestützt, deren Bogenlinie von türkisfarbenen, zu Spiralen geformten Rundstäben begleitet wird. Den Gewölberaum erhellen sechzehn Fenster mit fein durchbrochenem Gitterwerk. Das eigentliche Kuppelgewölbe oberhalb des Tambours wird von einem Schmucknetz überzogen, das sich im obersten Mittelpunkt zu unentwirrbarer Dichte zusammenzieht.

Hieraus wird ersichtlich, dass das persische Stadtgefüge dem abendländischen diametral entgegengesetzt ist, denn seine Ordnung wird stets von den Höfen und Plätzen, also dem Raum bestimmt, nach denen sich Form und Ausdehnung der Wohnviertel richten, und nicht vom ausgefüllten Bauvolumen wie in Europa. Unseres Wissens hat bisher nur eine Schrift, die den Unterschied zwischen „positivem" und „negativem" Raum herausstellt, in aller Deutlichkeit auf die Eigenart des persischen Raumverständnisses hingewiesen. Es handelt sich um „The Sense of Unity: The Sufi Tradition in Persian Architecture" (Das Verständnis der Einheit: Die Sufi-Überlieferung in der persischen Architektur), einem von zwei iranischen Autoren, Nader Ardalan und Laleh Bakhtiar gezeichneten Werk, das einen hervorragenden Überblick über die Grundzüge der Architektur in Persien vermittelt.

Das Raumerlebnis

Die vorangehende Feststellung führt zu der wichtigen Folgerung, dass Häuser und grössere Bauten in Persien keine Aussenfassaden besitzen, worauf Pascal Coste seinerzeit schon hingewiesen hat; die einzige Ausnahme bilden Bauten, die sich am Rande eines Platzes befinden oder mit einer Seite auf einen Hof zeigen. Von den in die Parkanlagen gesetzten königlichen Pavillons abgesehen, gibt es kein Gebäude, um das man ganz herumgehen könnte, selbst nicht im Falle eines so wichtigen Bauwerks wie der Königsmoschee in Isfahan; niemals wird ein Bauwerk durch mehrere Aussenfassaden von seiner Umgebung isoliert, um, wie wir es in Europa gewohnt sind, als Monument hervorzutreten.

Jedes, noch so wichtige Gebäude passt sich stets in seine städtbauliche Umgebung, schmilzt in die Gesamtarchitektur ein und behauptet sich nie als unabhängige Einheit. Im Falle der Königsmoschee z.B. bietet sich nur eine einzige Front frei dem Blick dar, nämlich die, die auf den Meidan-i-Schah hinauszeigt, und selbst diese Fassade versteht sich eher als Teil der den Platz umgebenden Architektur (s. S. 90). Sie weist keineswegs auf ein wichtiges Monument hin, sondern soll vielmehr die Asymetrie eines Gebäudes aufheben, das sich am Ende jenes völlig symmetrischen Platzes befindet. Denn die Moschee selbst, deren Eingangsportal mit den

Inmitten des Gartens der Nachtigall steht der Pavillon Hescht Bihischt (Die Acht Paradiese), der zu den wenigen persischen Bauten der Safawidenzeit gehört (1669), deren Fassaden freistehend nach aussen gerichtet sind. Masstab 1:450

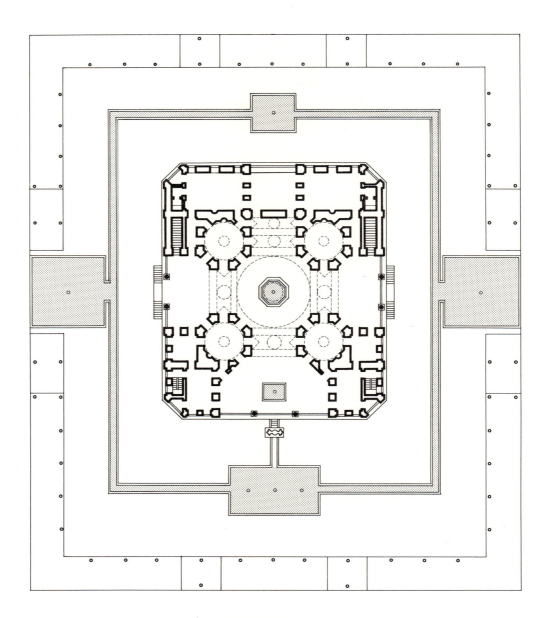

beiden Minaretten noch einer strengen Achsenbezogenheit unterliegt, weicht bewusst von dieser Achse ab, da die Kuppel nach rechts verschoben ist. Genau dieselbe Beobachtung kann man am Portal der Moschee Scheich Lotfallah machen, denn auch dort erhebt sich hinter dem symmetrisch angelegten Portal eine nach rechts gerückte Kuppel. Im Falle der Königsmoschee muss man noch berücksichtigen, dass die zwangsläufige Orientierung des Bauwerks nach Mekka hin eine Achsenverschiebung der Moschee in Bezug auf den Meidan unvermeidlich machte. Dies hätte jedoch die persischen Architekten nicht davon abzuhalten brauchen, die Kuppel symmetrisch auf das Eingangsportal auszurichten; wenn sie sich anders entschieden, so wohl eher aus der Überlegung heraus,

Seite 68
Während das tiefblaue Fayencemosaik des Mihrab in voller Schönheit erstrahlt, sind die geraden Wandflächen in der Moschee Scheich Lotfallah mit bemalten Fliesen, den „kashi", verkleidet. Hier wechseln farbige Arabesken mit breiten Schriftbändern, die um den Mihrab, die Bögen und die einzelnen Trompen, ja sogar um den Tambour unterhalb der Fenster laufen. Dieser innerhalb der persischen Baugeschichte einmalig homogene Raum ist das Werk des Mohammed Risa ibn Ustad von Isfahan, der ihn als Betsaal für Schah Abbas konzipierte.

dass eine strikt eingehaltene Symmetrie schwerfällig und zu summarisch wirken könnte, weshalb sie eine asymmetrische Akzentuierung innerhalb der sonst strikt achsenbezogenen Umgebung vorzogen.

Der persische Urbanismus unterscheidet sich in seinem Wesen also grundlegend von der in Europa geläufigen Stadtplanung. Die in Persien für Raum- und Flächengestaltung charakteristische Konzeption, zu der das Phänomen des räumlichen Ineinanderfliessens gehört, stellt für den Beobachter ein ausserordentliches Erlebnis dar. Während man sich ständig ‚in' etwas befindet und eine Folge von räumlichen Gegebenheiten durchschreitet, wird dem Besucher das Geheimnis dieses Urbanismus bewusst. Fand er sich eben noch von der warmen Atmosphäre des Basars mit seinem gedämpften Licht umgeben, so steht er plötzlich, nach Durchschreiten eines Ausgangs, vor der blendenden Lichtfläche eines weiten Hofes, die bisweilen auch vom Laubwerk der Bäume wie gesprenkelt erscheint; schlägt man dann eine der schattigen, aber nicht überdachten Gassen ein, gelangt man schliesslich an den Rand des grossen Meidan-i-Schah, der von Bäumen und Kanälen gesäumt wird und dem Spaziergänger nun die Überquerung dieser an eine Wüste erinnernden Unermesslichkeit abverlangt. Dieser Eindruck entsteht deshalb, weil die Proportionen des Platzes, der als Ganzes auch als Basar zu verstehen ist, im Vergleich zu den intimeren Dimensionen im übrigen Stadtgefüge masslos erscheinen. Rings um diesen Platz gruppieren sich die offiziellen Gebäude als Akzente, welche die Einförmigkeit der zweigeschössigen, den Platz umlaufenden Arkaden unterbrechen und durch die Entfernung über den weiten Platz hinweg an visueller Höhe gewinnen; aber trotz der durch optische Schwerpunkte und Erhöhungen erzielten Spannung innerhalb der Platzumrandung integrieren sich die Gebäude widerspruchslos in die Gesamtheit dieses Vierecks.

Es lebt eine Rhythmik in den Flächen, eine Schwingung in den Raumformen und Volumen in Isfahan, die dieser Stadt ihren Charme verleihen. Sie empfängt den Besucher wie ein grosses Abenteuer und verzaubert ihn durch ein ewiges Spiel zwischen Licht und Schatten, durch eine ständige Bewegung, als atme sie ein und aus, als eilte sie davon oder hielte zurück, als verengten sich ihre Volumina, bevor sie regelrecht explodieren. Dem Urbanisten sind hier Möglichkeiten gegeben, die weit über die im Abendland gebotenen hinausführen und wesentlich vielseitiger sind, auch wenn der Abwechslung in der vertikalen Ordnung Grenzen gesetzt sind, — fast alle Wohnhäuser haben nur zwei Stockwerke, — auch wenn sich der Verlauf des Basars stets nach demselben Prinzip richtet, nämlich den einem Gewächs gleichenden Verzweigungen, die immer wieder neue Überraschungen bereithalten.

Während im Abendland der Erdboden die einzige Bezugsebene darstellt, auf der die Bauwerke errichtet werden und die sich in Form von Plätzen und Strassen ausweiten oder verengen kann, schöpft der persische Städteplaner beträchtliche Variationsmöglichkeiten aus den verschiedenen, zu unerwarteten Effekten und genialen Kontrastwirkungen einladenden Bezugsebenen. Denn diese zeichnen sich tatsächlich klar voneinander ab, wenn man einerseits an das ins Dämmerlicht getauchte, ganz in sich abgeschlossene Wirrwarr des Basars denkt, andererseits an die freie Welt, die sich über den Dächern öffnet, wo man aus der Abendbrise, die durch das mächtige Laubwerk ringsum streicht, unter der gestirnten Unendlichkeit des Himmelszeltes einen Hauch von Friede einatmet.

Kapitel III
Struktur und Raumgefüge der persischen Moschee

Die Hofmoschee

Im folgenden möchten wir den spezifisch persischen Typus der Moschee näher untersuchen. Die persische Moschee besitzt einen Innenhof, den ringsum Arkaden säumen; dadurch entstehen vier ‚innere', auf das Zentrum ausgerichtete Fassaden, die jeweils von einem Liwan unterbrochen werden. Durch einen solchen Liwan, der einer grossen, von einer Halbkuppel überwölbten Nische gleicht, gelangt man in eine der Moscheenhallen. Er bildet somit einen Zwischen-Raum, der „weder ganz drinnen noch ganz draussen" liegt und bei den Persern besonders beliebt ist. Da der Liwan zwar überdeckt, räumlich jedoch nicht abgeschlossen ist, stellt er ein architektonisch wichtiges, plastisches Verbindungselement dar.

Und in dieser, der persischen Moschee eigenen Raumwelt sollte die Kunst der Fayenceverkleidung ihre höchste Blüte erreichen. Die farbige Ornamentik, die in der Welt des Iran vor allem den Sakralbauten vorbehalten war, hat gerade in der Hofmoschee von Isfahan ihr überzeugendstes Vermächtnis hinterlassen.

Doch bevor wir auf das Thema der Fayenceverkleidung in der Architektur eingehen, möchten wir diese Architektur selbst genauer untersuchen, da erst durch sie Sinn und Wesen der Ornamentik verständlich werden. Wie alle wichtigen Kunstformen ist auch die Bauornamentik mehr als nur ein schmückender Zusatz; sie muss sich vielmehr mit dem vorhandenen Bauwerk zu einer Synthese vereinen, in welcher die verschiedenen Ausdrucksformen der plastischen Kunst so aufeinander abgestimmt sind, dass ein homogenes Werk entsteht. In diesem Zusammenhang spielt die Mosaik- und Fliesenverkleidung der persischen Moschee eine ebenso wichtige Rolle wie die architektonische Struktur selbst, denn sie ist wie die Haut über dem Knochenbau und der Muskulatur eines Lebewesens von einmaliger Bedeutung.

Die Verkleidung eines Bauwerks ist also weit mehr als ein „Kleidungsstück", und auf sie verzichten hiesse, die Bedeutung des Bauwerks wesentlich verändern; die Polychromie bildet vielmehr den Teil eines Ganzen, dessen eigentliches Wesen erst durch sie voll zum Ausdruck kommt. Aus diesem Grunde scheint uns zunächst eine Raumanalyse angebracht, die zum besseren Verständnis der farbigen Ornamentik, ihrer Aufgabe und ihrer Lokalisierung am Bauwerk beitragen soll; die Verwendung der Fayence-Ornamentik unterliegt ja ganz bestimmten Regeln und spielt eine ausschlaggebende, nicht zu unterschätzende Rolle im Studium eines Bauwerks.

Ein origineller Grundriss

In zahlreichen Schriften hat man bereits die Hofmoschee, ihren Grundriss und vor allem ihren vor-islamischen Ursprung untersucht. Wichtige Autoren wie Pope, Sarre oder Godard haben darauf hingewiesen, dass der Liwan der persischen Moschee auf die grossen Liwane in der Sassaniden-Architektur zurückgreift wie z.B. in den Thronhallen von Firusabad, Sarvistan und Ktesiphon. Daher brauchen wir hier nicht näher auf die Entwicklung des Moscheenhofes mit mehreren Liwanen einzugehen, dessen endgültige Form wir im 12. Jh. bereits in der Freitagsmoschee von Isfahan finden.

Wir möchten im folgenden lediglich auf die Grundprinzipien dieser völlig eigenständigen Strukturidee Persiens eingehen, die während der Epoche der Seldschuken Form gewann und dann über ein halbes Jahrtausend hindurch bis ins 18. Jh. unverändert beibehalten wurde.

Zunächst befindet sich also an jeder der vier Seiten des viereckigen oder rechteckigen Moscheenhofes ein Liwan, wobei jeweils zwei sich genau gegenüber liegen. Der Hauptliwan führt stets zur

Seite 73
Die Brücken über dem Senda Rud in Isfahan. Oben links die von Schah Abbas I. erbaute Allahwerdi-Chan-Brücke, die „Brücke der Dreiunddreissig Bögen". Sie ist 295 m lang, und ihre dreiteilige Decke misst insgesamt 13,75 m. Die mittlere Bahn ist für die Fuhrwerke bestimmt, während die Fussgänger die beiden Seitenbahnen unter den Arkaden benutzen. — Oben rechts und unten die Chadschu-Wehrbrücke, die Schah Abbas II. bauen liess. Sie ruht auf einem steinernen Unterbau, von dem aus die Flusshöhe mittels Schützen reguliert werden kann, um die Stadt und ihre Gartenanlagen mit Wasser zu versorgen. Die beiden Arkadenreihen sind mit Farbfayence geschmückt; in der Mitte und an beiden Brückenköpfen hat man Pavillons in Form eines halben Achtecks errichtet.

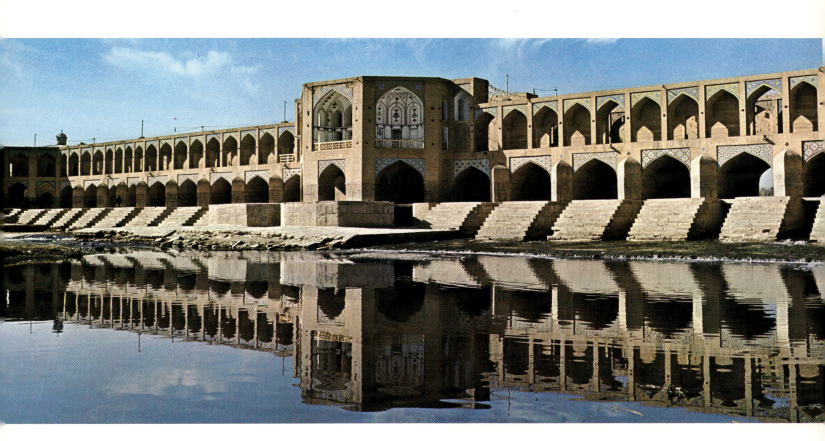

gewölbten Gebetshalle mit dem Mihrab; es handelt sich um eine kleine, in die Kibla-Mauer eingelassene Nische, die genau senkrecht auf Mekka ausgerichtet ist.

Dieser Grundplan der persischen Moschee bedingt einige architektonische Überlegungen, auf die wir hier kurz hinweisen möchten. Zunächst bildet der Moscheenhof das zentrale Element des ganzen Bauwerks und bestimmt Form und Anlage des restlichen Baus. Den Hof selbst säumen ein- oder zweistöckige Arkaden, deren horizontale Linienführung lediglich von den vier, sich gegenüberliegenden Liwanen unterbrochen wird; jeder Liwan ist von einer breiten, flach aufgesetzten Umrandung markiert, aus der sich die grosse, von einem Halbkuppelgewölbe gedeckte Liwan-Nische zur Mitte des Hofes hin öffnet. Diese, grossen Muschelschalen gleichenden Liwane scheren aus der Grundlinie, die von den umlaufenden Arkaden am Erdboden gebildet wird, aus und unterbrechen dadurch auch die ganze Fassade. Somit wird die gesamte Struktur in ein Achsenkreuz bezogen, das noch die Polarisierung des Hofvierecks betont. In der Mitte dieses Hofes steht ausserdem das Becken für die rituelle Waschung, das ständig von frischem Wasser gespeist wird.

Als Pascal Coste im Jahre 1840 seine Vermessungen vornahm, lag dieses Becken im Hof der Königsmoschee von Isfahan etwas unterhalb der Erdoberfläche. Heute wird das Becken von einem sehr flachen Rand gesäumt, über den das überfliessende Wasser in eine darumlaufende Rinne abgeleitet wird. Wenn auch nicht feststeht, welches die ursprüngliche Lösung war, so ist doch gewiss, dass der Beckenrand fast in gleicher Höhe zum Erdboden des Moscheenhofes gelegen hat, so dass das Becken selbst, das sich im geometrischen Mittelpunkt des Bauwerks befindet, zu einem regelrechten Spiegel wird. So erfüllt es nicht nur die Aufgabe, der vom Koran vorgeschriebenen Waschung zu dienen, sondern spielt ausserdem noch die Rolle eines Rückstrahlers, in dem sich die Liwane der Moschee widerspiegeln. Und dieser Umstand ist, wie wir im weiteren zeigen werden, von höchster Bedeutung für das Verständnis des ganzen Bauwerks.

Rund um den zentralen Hof gliedern sich innerhalb der Moschee selbst die Gebetsräume. Wir haben bereits den auf Mekka ausgerichteten Kuppelraum erwähnt, in dessen Südmauer sich das Mihrab befindet. Dieses gleicht einem winzigen Liwan, einer Art

Seite 75
Der Liwan als Thronsaal im Gartenpalast Tschehel Sotun, dem „Vierzig-Säulen-Palast", der seinen Namen den zwanzig, durch die Widerspiegelung im Wasser verdoppelten Säulen verdankt. Anstelle der Farbfayence, wie sie in Sakralbauten verwendet wurde, sind hier für die Ornamentik des hölzernen Zellen- und Stalaktitenwerkes Tausende von kleinen Spiegelrauten eingesetzt. Dadurch wurde eine besonders festliche Atmosphäre in diesem Audienzsaal geschaffen, der wahrscheinlich um 1647 unter der Herrschaft Schah Abbas' II. entstand.

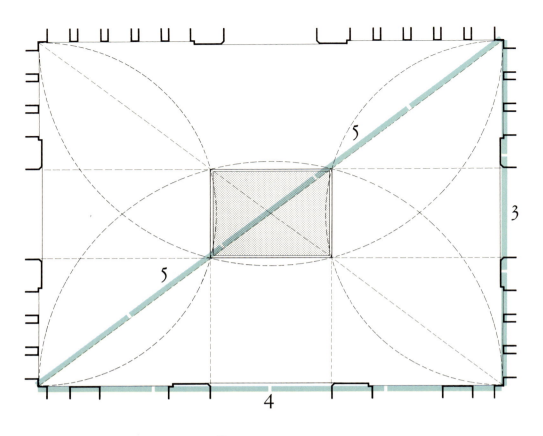

Die Massverhältnisse im Zentralhof der Königsmoschee:

A der von jeder Hoffassade aus gezogene Halbkreis berührt die Winkel des Zentralbeckens und schneidet die Hofdiagonalen;

B die Seiten des pythagoräischen Dreieck-Vierecks sind 3 und 4, die Diagonale ist 5.

symbolischen Pforte ohne Öffnung, die anzeigt, in welche Richtung das Gebet zu lenken ist. Doch handelt es sich in diesem Zusammenhang wahrscheinlich um eine Transposition des ehemaligen Chorraumes im frühchristlichen Kirchenbau; die koptischen Kirchen in Ägypten z.B. besassen eine kleine Apsis mit Halbkuppel, die auf die Stelle des Allerheiligsten hinwies.

Zu beiden Seiten der Gebetshalle befinden sich in der Moschee regelrechte Säulenhallen, ein Erbe der klassischen arabischen Moschee. Ursprünglich spielten diese auf Pfeilern oder Säulen errichteten Hallen eine bedeutende Rolle in der frühesten Konzeption der Moschee schlechthin. In der spezifisch persischen Bauweise trat ihre Wichtigkeit jedoch immer weiter zurück, da man bald die grosse Gebetshalle mit einem Kuppelgewölbe versah. In der Freitagsmoschee, der „Masdschid-i-Dschuma", die zunächst dazu bestimmt war, die Gläubigen der gesamten Ortschaft aufzunehmen, — sie war eine ideale Gebetsstätte für die musulmanische Gemeinde, denn Dschuma bedeutet Versammlungstag, also Freitag, — befinden sich solche Säulenhallen an der Südflanke des Hofes östlich und westlich der Gebetshalle. Sie tragen zu einer beträchtlichen Erweiterung des Raumbildes bei, da sie die Kibla-Mauer seitlich verlängern,

Grundriss der Königsmoschee Masstab 1:800

1 *Der grosse Platz Meidan-i-Schah, den Läden säumen*
2 *Eingang zur Moschee*
3 *Portal mit Stalaktitenwerk*
4 *Nordliwan*
5 *Haupthof mit vier Liwanen*
6 *Zentralbecken*
7 *Westliwan*
8 *Ostliwan*
9 *Südliwan*
10 *Gebetshalle*
11 *Medresen*
12 *Säulenhallen*
13 *Mihrab*
14 *Kibla*

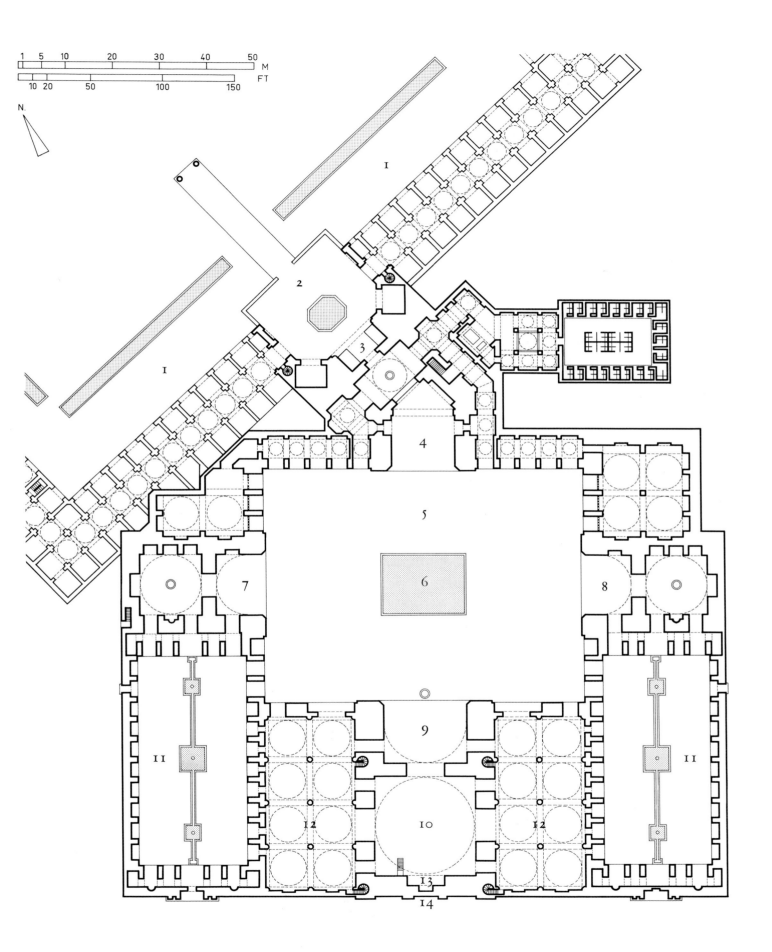

in die weitere Mihrabs eingelassen sind. In symmetrischer Verdoppelung dazu befinden sich neben dem gegenüberliegenden Nordliwan ebenfalls zwei solcher Säulenhallen. Die ursprüngliche Säulenhalle der arabischen Moschee, — Damaskus, Cordoba, Kairuan, Samarra, oder die Ibn Tulun Moschee in Kairo, — wurde hier also aufgegeben; es entstand ein Bruch mit der klassischen Überlieferung, wonach einfache Säulengänge den Hof auf drei Seiten säumten, während sich nur auf der vierten, nach Mekka weisenden Seite eine Gebetshalle befand. In der persischen Moschee hat die doppelt angelegte Gebetshalle im Norden und Süden des Hofes den überraschenden Effekt, dass die Gläubigen, die bei der Verrichtung ihres Gebets im Nordliwan und seinen beiden angrenzenden Säulenhallen in Richtung Süden, also auf den Südliwan schauen, in diesem ein vergrössertes Abbild der Gebetsnische, des Mihrabs erblicken. Diese Nebenfunktion des Haupt-Liwans darf nicht unterschätzt werden, da sie die symbolische Bedeutung des Liwans dadurch noch erhöht.

Die oben erwähnte Wiederholung der Säulenhallen am Nordliwan ist ein revolutionärer Schritt in Persien und wird hauptsächlich durch das Achsenkreuz im Moscheenhof verursacht, das zur Symmetrie geradezu zwingt. Und diese Kreuzform hat im weiteren das gesamte Raumverständnis der persischen Architektur bestimmt.

Symbolik der räumlichen Struktur

Im Vergleich zur arabischen Säulenmoschee, die nicht richtungsgebunden oder -weisend ist, sondern mit ihren zahlreichen seitlichen und schrägen Blicköffnungen durch einen Wald von Säulenschäften hindurch das Unendliche, Grenzenlose suggerieren soll, wird die persische Moschee in ihrer gesamten Anlage von einer strengen Doppelachse beherrscht, die jedem Bauwerk eine unabweichliche Orthogonalität verleiht. Diese Konzeption drückt sich in der ganzen architektonischen Durchführung der Moschee aus und wird aus jedem beliebigen Beobachtungsgrad, in allen Formen von Raum und Fläche deutlich.

In diesem Zusammenhang möchten wir noch einmal auf den zentralen, kreuzförmigen Hof zurückkommen, da er für die

Der Raum des Innenhofes mit vier Liwanen in einer persischen Moschee baut sich wie folgt zusammen:

A Lage des Hofes
B Kreuzförmiger Grundriss mit den vier Liwanen
C Zusatz der Gebetshalle mit Mihrab und Hauptkuppel
D Zusatz des Zentralbeckens der Reinigung
E Zusatz der Nebenhallen hinter den drei anderen Liwanen
F Zusatz der Säulenhallen neben der Gebetshalle und der nördlichen Kuppelhalle

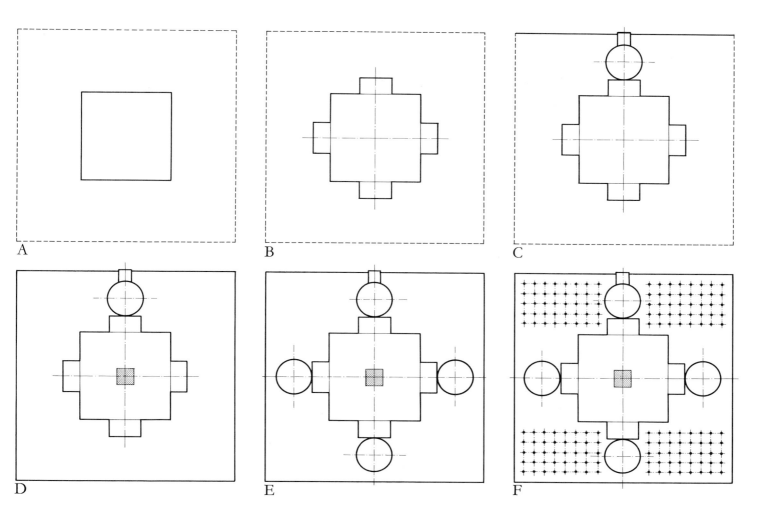

persische Moschee eine ausschlaggebende Rolle spielt und absolut mehr als nur einen Hof darstellt. Es handelt sich ja nicht um einen offenen Vorhof oder ein Atrium nach frühchristlichem Muster, das sich vor dem eigentlichen Gebetsraum befände. Im Gegenteil, die überreiche Fayence-Ornamentik an den Hoffassaden und -arkaden weist vielmehr darauf hin, dass man sich in diesem Hof im Herzen des ganzen Gebäudes befindet, sozusagen an seinem Ursprung, von dem aus alles weitere eine entsprechende Ordnung erhält. Nicht ein Narthex unter freiem Himmel, sondern ein mit grossem Aufwand geschmückter Raum ist dieser Hof. Er soll den Gläubigen mit der Gottheit in Verbindung setzen und liegt daher offen unter dem himmlischen All, das den Gläubigen zu sich hinaufzieht und den Hof zugleich mit seiner azurnen Kuppel überdeckt. Es ist eine kosmische Stätte, die sich auch als Halle versteht, deren Gewölbe der sich darüber spannende Himmel ist.

Diese Interpretation wird von Ulya Vogt-Göknil in ihrer kürzlich erschienenen Studie „Moscheen" vertreten, wenn sie im Zusammenhang mit der „Hofmoschee mit vier Liwanen" in Persien u.a. schreibt: „Der Hof der persischen Moschee ist gleichzeitig Aussenraum und Innenraum; er ist insofern auch Innenraum, als seine Decke oder sein Gewölbe vom Himmelsgewölbe selbst gebildet wird." Gern möchten wir auch darauf hinweisen, dass wir der treffenden Analyse dieser Autorin türkischer Herkunft sehr verpflichtet sind, was die Interpretation des Raumgefüges in der Moschee und die Rolle betrifft, welche gewisse Grundelemente wie Hof, Liwan, Becken dabei spielen.

Wenn man sich der Ansicht anschliesst, dass das Himmelszelt wie ein Kuppelgewölbe den Hofraum in der persischen Moschee überdeckt, dann kann man die vier Liwane als symbolische Stützen dieses Gewölbes verstehen. Aus dieser Sicht heraus entdeckt man, dass sie dann im ganzen Bauwerk denselben Platz einnehmen wie die Halbkuppelgewölbe in einigen grossen Moscheen der Osmanen. Daraus ergibt sich ein interessanter Vergleich zwischen der tatsächlichen Architektur des Iran, die von dem Element eines zwar vorstellbaren, aber doch nicht vorhandenen Deckengewölbes vervollständigt wird, und der Blauen Moschee, der „Sultan-Ahmet-Moschee" in Istanbul, die ganz Materie ist und deren vier Halbkuppelgewölbe ein wirklich vorhandenes, grosses Zentralgewölbe abstützen. Diese berühmte Moschee wurde übrigens zwischen 1609 und 1616 gebaut, also genau in dem Jahr fertiggestellt, als man in Isfahan mit dem Bau der Königsmoschee begann.

Ein solcher Vergleich verdeutlicht noch die wichtige Funktion des Wasserbeckens als Spiegel in der Mitte des kreuzförmigen „Hallenhofes" der persischen Moschee. Befindet sich der Betrachter am Rande des Beckens, spiegeln sich nicht nur die den Hof säumenden Arkaden und die breiten Umrandungen der Liwane im Wasser wider, sondern auch das Himmelsgewölbe selbst. Und in diesem Augenblick erhält diese ganze Räumlichkeit eine völlig neue Dimension. Die auf die Doppelachse des kreuzförmigen Grundrisses polarisierte Moschee gibt plötzlich noch eine vertikale Achse frei, die durch den Mittelpunkt des Wasserbeckens führt und in dieser Fläche des „ewigen Urwassers," des Wassers der Reinigung und der Unschuld, Himmel und Erde miteinander verbindet. Zu den vier üblichen Kardinalrichtungen kommen nun noch

Seite 81
Im Hintergrund erkennt man die Kuppel der Moschee Scheich Lotfallah an ihrer zurückhaltenden Farbe. Im Vordergrund die Rückansicht der beiden Minarette neben dem Eingang zur Königsmoschee (1612-1630). Neben der türkisfarbenen Halbkuppel über der Eingangsnische (s. S. 93) sind die Monogrammzeichen für Allah, Ali und Mohammed auf der Verbindungsfläche zu den Minaretten zu sehen. Die Spiralbänder der Minarettschäfte tragen ebenfalls Inschriften, die alle die schiitische Religion des persischen Islam propagieren.

diejenigen, die bis zum Nadir hinabtauchen und bis zum Zenith hinaufstrahlen; die beiden hier benutzten Bezeichnungen sind übrigens arabischen Ursprungs, womit die Wichtigkeit dieser vertikalen Achse im islamischen Raumverständnis bewiesen sein dürfte.

Der Beobachter kann sich jedoch selbst gar nicht in den Mittelpunkt des Moscheenhofes stellen, da sich dort ja das Becken befindet, das ihn daran hindert, diesen Brennpunkt der sechs Grundrichtungen zu betreten. Es genügt aber, sich in eine der Hofachsen zu stellen, um zu entdecken, dass der Liwan zusammen mit seinem Gegenbild auf der Wasseroberfläche aufs neue ein Kreuz bildet, das diesmal jedoch nicht in der Waagerechten, sondern in der Senkrechten verläuft.

Zur Verdeutlichung möchten wir uns auf die Illustration auf Seite 113 beziehen. Abgebildet ist dort der westliche Liwan der Königsmoschee mit seinem Spiegelbild; die Vertikale des Kreuzes wird vom Liwan selbst und seinem Spiegelbild, das ihn nach unten verlängert, gebildet, während die Horizontale, die genauso breit ist wie die Vertikale, klar erkenntlich aus den beiden seitlichen Arkadenreihen entsteht, die sich doppelstöckig ebenfalls im Wasser widerspiegeln. Die drei Bögen in jedem Geschoss zu beiden Seiten des Liwans bilden ausserdem zwölf Nischen, die sich durch die Spiegelung im Wasser kopfüber zugewandt sind, während der gewölbte Teil des Liwans selbst einer grossen kosmischen Zelle gleicht oder einem Kern, den abwechselnd Licht und Schatten umhüllen. Aus dem Hintergrund der Kuppelhalle strahlt das kleine Mauerfenster seine Helligkeit aus und durchlöchert geradezu die Dunkelheit des Eingangs; diese wiederum hebt sich scharf gegen den lichtüberfluteten Hintergrund des Liwans ab, der seinerseits einen deutlichen Kontrast zu dem Schatten bildet, den der Liwanbogen verursacht; gegen ihn schliesslich tritt umso deutlicher die Verstärkung der grossen Nische mitten in der Liwanumrandung hervor, die im Sonnenlicht erstrahlt.

Der Umstand nun, dass die beiden Seitenarme dieser Kreuzform im so entstandenen Gesamtbild genauso gross sind wie der vom Liwan gebildete, vertikale Schaft, dürfte kaum dem Zufall zuzuschreiben sein. Hier wird vielmehr das Achsenkreuz, das dem Hofplan zugrunde liegt, für jede der vier Hoffassaden nochmals ins Spiel gebracht, und aus diesen, sich kreuzenden Achsen entsteht schliesslich eine Raumbezogenheit für den Beobachter, in welcher

Kreuzförmiger Aufriss der Hoffassade des Westliwans in der Königsmoschee, mit dem Spiegelbild im Zentralbecken.

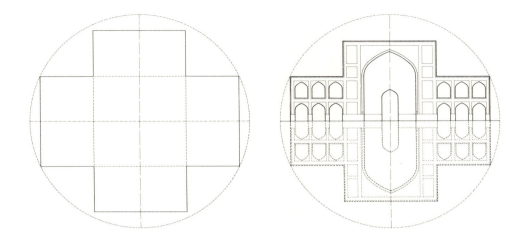

die tatsächliche, architektonische Plastik sich mit ihrem durch Widerspiegelung geschaffenen Ebenbild zu einem Ganzen vereint. Dabei hat sich das Himmelsgewölbe darüber in eine Sphäre verwandelt, in deren Mittelpunkt sich der Beobachter plötzlich selbst wiederfindet und feststellen muss, dass er sich im Zentrum der gesamten, orthogonalen Konstruktion befindet. Ja, er ist schlechthin zum Zentrum eines nach oben und unten unbegrenzten Raumes geworden; er steht im Brennpunkt einer kaleidoskopischen Vision, in der sich die Unendlichkeit der Schöpfung ausdrückt.

In der „Table d'Emeraude" (der Smaragdtafel) aus dem 8. Jh. nimmt der Alchimist Jabir ibn Haijan, der vorgab, ein Schüler des sechsten Imam gewesen zu sein, dieselbe Idee von einer richtungs-ungebundenen Räumlichkeit und von einem Mikrokosmos, der den Makrokosmos widerspiegelt, bereits auf. Und Titus Burckhardt zitiert daraus in seiner eigenen Abhandlung „Die Alchimie, ihre Bedeutung und ihr Weltbild" folgenden Satz: „Alles, was unten ist, gleicht dem, was oben ist, und was oben ist, gleicht dem, was unten ist."

In diesem unbegrenzten, in der Ewigkeit eines reinen Lichtraumes schwebenden Hallenhof laufen die sechs Richtungslinien der Räumlichkeit wie in einem Tiegel zusammen, in dem Wirklichkeit und Erscheinung miteinander verschmelzen. Zum Zentrum hin weisen die grossen Halbmuscheln der Liwane, und im Zentrum verdichtet sich der ganze Raum; es ist innerhalb der Moschee die wichtigste Stätte, ein transzendentaler Raum, ein Bild des Göttlichen.

Mathematische Überlegungen

Am Hof der Königsmoschee offenbaren sich besonders die Absichten der persischen Architekten, denn nichts, was den ursprünglichen Entwurf ihres Baumeisters, eines gewissen Ali Akbar Isfahani, beeinträchtigen könnte, ist seit ihrer Erbauung geändert worden. Die erstaunliche Beobachtung, die wir an den Raumgesetzen dieser Moschee und besonders ihres Hofes gemacht haben, beruht eindeutig auf grundlegenden geometrischen und mathematischen Überlegungen und Interessen. Wenn ein Architekt sein Werk so offensichtlich der Abstraktion unterordnet, dann will er es zum Träger einer ganz bestimmten Aussage machen; wie für die Baumeister der Gothik besassen auch für die musulmanischen Gelehrten Ziffern und geometrische Linien eine verborgene Bedeutung, nämlich dass sie zum Göttlichen hinführten, es sozusagen zu enthüllen, die Schöpfung in einem ersten Erkennen wiederzugeben vermochten.

In diesem Zusammenhang dürfte also auch das Studium der Proportionen, die den erwähnten kreuzförmigen Hof beherrschen, aufschlussreich sein. Zunächst wäre festzustellen, dass dieser Hof nicht ein gleichseitiges Viereck, sondern ein langgezogenes Rechteck bildet, dessen Breitachse grösser ist als seine Längsachse, wenn man diese auf die Kibla ausrichtet. Ausserdem ist es keineswegs Zufall, dass die Masse des Wasserbeckens mit denen der Liwane und der Kuppelhallen übereinstimmen. So besitzen die Nischen der drei kleineren Liwane an der Nord-, Ost- und Westflanke, ebenso wie die Kuppelgewölbe auf der West- und Ostseite, dasselbe Breitenmass wie das zentral gelegene Becken; die Nische des grossen Südliwans und das Kuppelgewölbe der Gebetshalle hingegen entsprechen in ihrer Breite genau den Längenmassen desselben Beckens. Es wirkt doch höchst erstaunlich, dass sich alle wichtigen Dimensionen der Moschee, also die des Hofes, der Liwane und der Gewölbe, von den geometrischen Massen dieses zentralen Wasserelements ableiten lassen, als sei das Wasser die nährende Substanz, ja Lebensquelle des ganzen Gebäudes (s.S. 76).

Wenn man mit Hilfe eines Zirkel, — für die Architekten des Mittelalters eines der wichtigsten Messinstrumente, — von der Mitte der beiden Breitseiten des Hofes aus einen Halbkreis zieht, dessen Halbmesser also genauso lang ist wie diese halbe Hoffassade,

Seite 84
Diese Luftaufnahme verdeutlicht die Achsenverschiebung von 45° zwischen dem Eingang der Königsmoschee an der Südflanke des Meidan-i-Schah und ihrem Innenhof. Diese Abweichung wurde nötig, um die Kibla genau auf Mekka auszurichten.

dann berührt seine Linie jeweils genau die beiden äusseren, weiter entfernt liegenden Kanten des Wasserbeckens, das dadurch ganz in den Halbkreis einbezogen wird; verfährt man in derselben Weise von den beiden schmalen Hofseiten aus, dann bezieht der Halbkreis nicht mehr das in der Mitte gelegene Becken ein, sondern berührt lediglich seine beiden nächstliegenden Kanten und schliesst nur noch einen geringen Seitenschnitt des Beckens in sich ein. Ausserdem fallen noch die Diagonalen des Beckens mit denen des Hofes zusammen. Diese geometrischen Gegebenheiten gehorchen dem Gesetz des Pythagoras; in seinem rechtwinkligen Dreieck ist bekanntlich das Verhältnis der beiden Seiten 3 zu 4, während die Schräge, die im vervollständigten Rechteck zur Diagonalen wird, proportional dazu 5 Einheiten misst. Schon in der Antike bezeichneten die Ziffern 3, 4 und 5 magische Zahlen; die Summe der Quadratzahlen der beiden Seiten dieses pythagoräischen Dreiecks-Rechtecks, also 9 + 16, ergibt 25, dessen Wurzel wiederum 5 ist. Da die Perser sich stark für alle Fragen der Mathematik und der Geometrie interessierten, dürften die oben aufgezeigten Proportionen im Hof der Königsmoschee kaum zufällig sein. Ausserdem sei noch darauf hingewiesen, dass die Summe der drei Grundzahlen des Pythagoras, also 3 + 4 + 5, Zwölf ergibt, worin wir eine eindeutige Bestätigung der ganz bewussten Absicht erblicken, jenen Proportionen eine religiöse Symbolik zu verleihen.

Wie bereits in der Einführung erwähnt wurde, beruht der persische Schiismus auf der Zahl Zwölf, welches die Zahl der Imame ist, der theologischen Begründer des Zwölfer-Schiismus. „Die zwölf Imame haben nach den Prophezeiungen Mohammeds die Funktion der Einführung übernommen", und der zwölfte, der verborgene Imam „der in den Herzen gegenwärtig, aber den Sinnen unsichtbar bleibt", verkörpert den Parusieglauben wie Jesus in der christlichen Religion. Henry Corbin, der berufenste abendländische Kenner der schiitischen Religion im Iran, schreibt in diesem Zusammenhang: „Das Aufblühen des Schiismus war vor allem ein Werden, oder besser noch, ein Erwachen der Gnosis im Islam. Die schiitische Gnosis ist eindeutig der Esoterismus des Islam."

Die Ziffer Zwölf musste für Schah Abbas, den Schöpfer und Bauherrn der Königsmoschee von Isfahan, umso wichtiger sein, als er selbst ein überzeugter Anhänger des Zwölfer-Schiismus war. „Die Erhebung des Schiismus zur Staatsreligion durch die

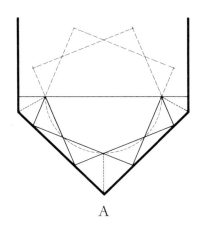 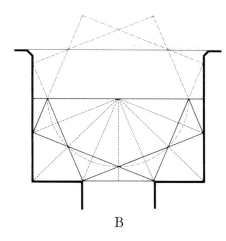 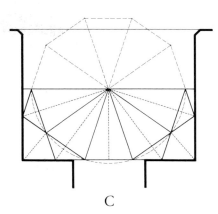

A B C

Gewölbeplan der Liwane in der Königsmoschee: Masstab 1:300

A *Dreieck-Gewölbe über der Rückwand des Nordliwans, das sich auf zwei, um 45° übereinander verschobene Quadrate stützt;*
B *Gewölbe im Westliwan, das ebenfalls von zwei, um 45° übereinander verschobenen Quadraten ausgeht;*
C *Gewölbe im Ostliwan, das von einem halben Zehneck ausgeht und Flächenwinkel von 36° aufweist.*

Safawiden hat die Arkandisziplin noch gefördert", bemerkt Prof. Henry Corbin. Daher sollte man nicht die „geheime Botschaft" unterschätzen, die sich hinter einem Bauwerk wie der Königsmoschee verbirgt.

Schliesslich sollte es auch nicht überraschen, in der iranischen Gedankenwelt eine Bezugnahme auf Pythagoras zu entdecken, denn zunächst führte ja der Islam einfach die klassische Überlieferung der Antike weiter, und die grossen Philosophen Persiens bezogen sich immer wieder auf dieses Erbe. So erwähnt u.a. auch Suhrawardi, auf den wir noch mehrmals zurückkommen werden, ausdrücklich Pythagoras als Quelle und „Stütze der theosophischen Weisheit".

Die persischen Baumeister verfolgten also ganz offensichtlich Ziele, die weit über rein ästhetische Überlegungen hinausgingen. Es ging letztlich wohl darum, der Erkenntnis und dem Wissen eine höhere Ausdrucksform zu verleihen, so dass die Moschee zum „Stein der Weisen" wurde, ein Werk der Offenbarung.

Es wäre recht ermüdend, die geometrischen und mathematischen Gesetzmässigkeiten der Königsmoschee noch ausführlicher zu analysieren. Das hier Erwähnte, sowie die seinerzeit in der Veröffentlichung „Iran, der Baukünstler" dargelegten Fakten über das Masswerk der Liwangewölbe mögen genügen, um sich klar darüber zu werden, wie weit die Architekten Persiens Abstraktion und Raffinement treiben konnten, um ihren Bauwerken einen Ideenreichtum zuzueignen, der weit über alle rein plastischen Erfordernisse hinausging.

Schliesslich sollte man ein Gebäude aber nicht nur als eine in sich abgeschlossene Realität der Architektur verstehen, sondern es noch im Zusammenhang des weiteren Stadtgefüges begreifen, um die auf das Gebäude verwendeten Besonderheiten der Polychromie, deren Lokalisierung am Gebäude und ihre daraus entstehende Bedeutung voll zu ermessen. Auf diese Aspekte geht Kapitel VI ausführlicher ein, während wir im folgenden das Thema der Fayence-Ornamentik noch näher beleuchten möchten.

Kapitel IV
Vom Ziegel zur persischen Ornamentik

Das traditionelle Baumaterial

Es mag zunächst überraschen, dass die ganze islamische Architektur auf der iranischen Hochebene mit Ziegeln ausgeführt worden ist, obwohl die grösseren Städte und vor allem Isfahan selbst von Gebirge umgeben sind, dessen Gestein ein ausgezeichnetes Baumaterial geliefert hätte.

Zwar geht die Benutzung des luftgetrockneten Ziegels, später des Backsteins, weit zurück in die Antike noch vor die elamitische Welt des zweiten Jahrtausends v. Chr., aber während der Blütezeit der achämenidischen Zivilisation wurden die grossen Paläste von Persepolis hauptsächlich aus Quaderstein errichtet. Die eklektischen Schöpfungen unter Dareios und Xerxes verdankten dabei wohl manches den griechischen und ägyptischen Einflüssen. So weiss man z.B., dass Handwerker aus Ionien die Säulen der Apadana vorbereiteten; doch scheint es sich hier um einen Fall zu handeln, der für die Architektur Persiens kaum Allgemeingültigkeit errang.

Vorteile in der Verwendung des Ziegels

Soweit man die Baugeschichte des Iran zurückverfolgen kann, sind sowohl die wichtigen Wohnbauten, als auch die Paläste und

Seite 90
Blick von der Terrasse des am Meidan-i-Schah gelegenen Torpalastes Ali Kapu auf die Königsmoschee. Deutlich erkennbar werden hier das Fehlen jeglicher freistehenden Flanke des Bauwerks, sowie die starke Achsenverschiebung zwischen Eingangsportal und grossem Südliwan mit den beiden Minarettpaaren. Es handelt sich um typische Merkmale der persischen Baukunst, die auf den abendländischen, an klassische Symmetrie gewohnten Beschauer zunächst fremdartig wirken.

Sakralbauten stets Ziegelkonstruktionen gewesen. Davon zeugt die Zikkurat in Tschoga Zanbil aus dem 13. Jh. v.Chr., der monumentale Bogen von Kosrau bei Ktesiphon aus dem 6. Jh. n.Chr. und der grosse Grabturm in Gumbat-i-Kabus (Gorgan) aus dem 11. Jh. n.Chr. Damit ist erwiesen, dass die Verwendung des Ziegels von der mesopotamischen Ebene über die weiten Hochplateaus bis hin zu den türkmenischen Steppen verbreitet und üblich war.

Zur Herstellung des Ziegels ist zwar auch Brennmaterial vonnöten, und schon im antiken Persien war wie heute Holz eher Mangelware, aber dieses Bauelement bietet andererseits einige beachtliche Vorteile. Der Ziegel lässt sich nach festen und regelmässigen Masseinheiten herstellen, was das Konstruktionssystem erheblich vereinfacht; er ist leicht transportierbar, dazu widerstandsfähig und bildet in Verbindung mit Kalkmörtel eine homogene, feste Masse wie Beton. Ausserdem besitzt der Ziegel genügend Elastizität, um Erdbeben zu überstehen, was für das häufig heimgesuchte Gebiet der iranischen Hochebene von grösstem Nutzen ist. Seine poröse Struktur eignet sich schliesslich auch hervorragend zu Isolationszwecken, was in hoch gelegenen Gebieten, in denen man zwischen Sommer und Winter Temperaturunterschiede bis zu 60° C kennt, besonders wichtig ist.

Nach der Verbreitung des Islam benutzten die iranischen Architekten für Rohbauten Ziegel von ca 20 × 20 × 5 cm Grösse; dadurch entstand ein gleichmässiges, in streng horizontalen Schichten errichtetes Mauerwerk, von den Kuppeln und Gewölben natürlich abgesehen.

Die ersten Schmuckelemente

Das architektonische Schmuckwerk, das mit Hilfe von Ziegeln hergestellt wurde, war schon in frühester Zeit bekannt. Die Zikkurat in Tschoga Zanbil z.B. besass bereits in regelmässigen Abständen eingelassene Ziegelschichten, deren Aussenflächen Lobpreisungen und Gebete in Keilschrift trugen. In die Fassade des Palastes von Ktesiphon sind mit Hilfe von Ziegeln Nischen, kleine Säulen, Gesimse, Kapitelle, Bögen und Girlanden als Schmuckelemente eingearbeitet. Doch beginnt die rhythmische Ornamentik, die man durch das Abwechseln von Grösse und Plazierung der Ziegel

Seite 91
Eine der Maueröffnungen mit Stalaktitenwerk und Fayencemosaik, die die Exedra neben dem Eingangsportal zur Königsmoschee beleben. Der Rundstab aus türkisfarbener Fayence, der die Öffnung säumt und in Vasen aus Reliefmosaik endet, ist in seiner Art vollkommen. Befindet man sich in Augenhöhe zum Stalaktitenwerk, erkennt man deutlich die streng geometrische Struktur der sich überlagernden Zellenstreifen.

Seite 93
Dieses 26,5 m hohe Eingangsportal zur Königsmoschee mit seinem Stalaktitennetz liess Schah Abbas als erstes fertigstellen. Einer Inschrift gemäss existierten ein Jahr später von der Moschee selbst nur die Grundmauern. Die einzigartige Pracht dieses Portals stellt den Höhepunkt der persischen Bauornamentik dar. Der rotbraune Marmor im oberen Bogenfeld bringt einen warmen Ton ins Gesamtbild.

erreichte, ihr wirkliches Spiel in der islamischen Bauepoche erst gegen Ende des 9. Jh. Das heisst jedoch, weit vor der Seldschuken-Dynastie, deren Beginn auf die Invasion des Chorassan im Jahre 1036 angesetzt wird und welcher man die wichtigen Fortschritte in der iranischen Architektur also nicht zuschreiben sollte.

Das Mauseolum von Ismail I. dem Samaniden in Buchara, das in den ersten Jahren des 10. Jh. gebaut wurde, zeugt bereits von einer hoch entwickelten Technik des Ziegelbaus. Denn hier haben die Baumeister dekorative Effekte dadurch erzielt, dass sie Ziegel unterschiedlicher Grösse, d.h. ganze, halbe oder viertel Ziegel verwendeten, diese entweder horizontal oder vertikal einsetzten, sie auch vorkragen liessen oder zurückzogen, so dass sie damit kleine Schattenzonen und pointillistische Effekte schufen. In der persischen Welt des 10. Jh. erreichte dieser Stil höchste plastische Ausdruckskraft und hat sich von Buchara bis Uchaidir und Bagdad verbreitet.

Zugleich kam eine zweite Technik der Backsteinornamentik auf, die darin bestand, dass man eine Art Nagel aus gebranntem Ton in die Säulen- oder Mihrabfläche hineintrieb und ihr dadurch eine bestimmte Rhythmik verlieh. Die Freitagsmoschee von Nain, in der Nähe von Isfahan, ist dafür ein überzeugendes Beispiel.

Den absoluten Höhepunkt dieses reinen und eher diskreten Stils bildet jedoch das Innere der Süd- und Nordkuppel in der Freitagsmoschee von Isfahan selbst; sie wurden von Nisam al-Mulk und Tadsch al-Mulk in den Jahren 1072 und 1088 fertiggestellt und lassen allein durch eine bestimmte Anordnung einfarbiger Ziegel die architektonische Strukturierung voll zur Geltung kommen.

Das Aufkommen der Farbe

Nachdem man mit vor- und rückkragenden Ziegeln und ihrem geometrischen Wechselspiel einen bestimmten Schmuckstil entwickelt und mit Hilfe des Sonnenlichtes ein weiteres, rhythmisches Element von Licht- und Schattenwirkung einbezogen hatte, musste notgedrungen die Farbe neue Möglichkeiten in der Ornamentik schaffen. So kann man vom 12. Jh. ab in Isfahan das Erscheinen der ersten blauen Farbelemente beobachten, die die rhythmische

Ordnung der Ziegelschichten auflockern und das gesamte Mauerwerk beleben; ein Beispiel dafür ist der hohe Schaft des Minaretts des Ali, das um 1150 errichtet wurde. Diese, nur sparsam angesetzten Farbakzente in Form von blau-grün gefärbten Ziegeln, die man nach dem Auftragen der Farbe im Brennofen glasierte, schufen einen ersten Kontrast mit den ockerfarbenen Naturziegeln des Mauerwerks. Die Anwendung der Farbglasur für architektonische Zwecke ging übrigens auf eine sehr alte Tradition aus dem Mittleren Osten zurück; so haben u.a. Hans Wulff und Donald Wilber den Weg der Farbfayence im Bauhandwerk, deren Anwendung in Persien einen einmaligen Höhepunkt erreichen sollte, bis auf ihren Ursprung zurückverfolgt.

Dieser geht auf das dritte Jahrtausend vor Christi Geburt zurück, denn am Grabmal des ägyptischen Königs Djoser, das in Sakkara liegt und auf das Jahr 2700 v.Chr. angesetzt wird, findet man bereits eingelassene Schmuckplatten, die mit einer blau-grünen Glasurmasse überzogen sind. Im zweiten Jahrtausend v.Chr. kannten auch die Babylonier und die Elamiten den Glasurüberzug; doch erst die Achämeniden haben nach den Assyrern die Technik des Farbziegels zu einem ersten Höhepunkt in der vorislamischen Epoche geführt. Die Tierfriese von Khorsabad, vor allem aber die berühmten Ziegelreliefs der Unsterblichen am Palast Dareios' I. in Susa, die aus dem 6. Jh. v.Chr. stammen, legen ein beredtes Zeugnis von der technischen Meisterschaft der Kunsthandwerker im alten Persien ab.

Die Polychromie in der Architektur

Unter der Herrschaft der Parther und der Sassaniden verlor die Baukeramik an Bedeutung und erblühte erst mit der Verbreitung des islamitischen Glaubens zu neuem Glanz. Die ältesten Bauwerke mit islamischer Ornamentik in Farben sind uns nur aus der arabischen Literatur bekannt. So erwähnt z.B. Ibn Rusteh im Jahre 903, dass die grosse Moschee von Bagdad völlig mit lapislazuli-farbigen, also blauen Ziegeln dekoriert sei. In den „Goldenen Wiesen" spricht der Schriftsteller Massudi, Mitte des 10. Jh., ebenfalls von einer grünen Kuppel in Bagdad. Ein anderer Autor des 10. Jh., Abu Jakubi, erzählt begeistert von den grünen Minaretten in

Seite 96
Ausschnitt der Zellen und Stalaktitenwaben im Eingangsportal der Königsmoschee (s. S. 93). Neben dem geometrischen Schmucknetz verdient auch die hervorragende Ausführung und plastische Ausdruckskraft dieses grossartigen Dekors höchste Bewunderung. Hier haben die Baumeister Schah Abbas' ein Zeugnis ihrer künstlerischen Meisterschaft abgelegt, da sie sich trotz der komplizierten Strukturierung jede Konzession an überflüssige Spielereien versagen, obwohl schon Anzeichen für den Manierismus erkennbar sind, dem die persische Ornamentik bald verfallen sollte.

Seite 98
Blick auf den südwestlichen Winkel des 68×51 m grossen Haupthofes der Königsmoschee. Dieser Hof ist mit seinen vier Liwanen so angelegt, dass sich das Bauwerk in dem riesigen, 240 m² weiten Zentralbecken spiegelt. Links im Bild der Seitenpfeiler des Südliwans, an den sich der grosse Bogeneingang zur westlichen Säulenhalle anschliesst. Eine zweigeschossige Arkadenreihe führt weiter zum Seitenpfeiler des Westliwans; durch die offenen, unteren Arkaden gelangt man in eine seitlich angebaute Medrese. Dieses Bild beschwört vielleicht jene Verse aus dem Koran herauf, wo es in der 39. Sure heisst: „Die aber, so Gott fürchten, werden im Paradiese herrliche, übereinander gebaute Gemächer finden, unter welchen Wasserströme fliessen."

Buchara, und der Geograph Jakut erwähnt im Jahre 1226 eine blaue Kuppel, die in Bagdad ein Mausoleum aus dem Baujahr 1157 krönt.

Die Perser hatten also schon vor der Seldschukenzeit die technischen Fragen der Farbglasur auf gebranntem Ton gelöst. Es wurden in erster Linie Türkis, Kobaltblau und Grün verwandt. Dabei hatte sich im Zentrum des persischen Reiches die Stadt Kaschan auf die Herstellung der blauen Fayence spezialisiert, eines Blau, das man aus einer Mischung von Kobalt, Schwefel und Arsen herstellte; im Laufe der Zeit entwickelte Kaschan ein regelrechtes Monopol zur Herstellung der Farbziegel und konnte lange das Geheimnis dieses speziellen Verfahrens wahren.

Wahrscheinlich stammen überhaupt aus Kaschan Idee und Technik, die mesopotamischen Bauwerke, von denen die arabischen Schriften des 10. Jh. berichten, mit Farbziegeln zu schmücken. Ursprünglich nannte man nämlich die farbigen Tonplatten „kashi", was die volkstümliche Bezeichnung für „kashani", d.h. aus Kaschan stammend, war. Das Wort „kashi" trat ab 1300 auf, als man die Bauornamentik in Täbris beschrieb, und weist eindeutig darauf hin, dass die Stadt Kaschan in der Herstellung von Farbkeramik, die für die Ausschmückung von Sakralbauten bestimmt war, einen bedeutenden Platz einnahm.

Der grosse arabische, aus Tanger stammende Schriftsteller Ibn Battuta (1304-1377) hat in seiner überaus lebendigen Reisebeschreibung durch den Mittleren Osten im Zusammenhang mit den Moscheen von Maschad Ali im Irak, von Isfahan, Täbris, Meschhed und Birgi immer wieder auf die „kashani" hingewiesen; dieses persische Schmuckelement scheint damals also sehr weit verbreitet gewesen zu sein.

Blüte der Lüsterfayence

Im 12. Jh. verfeinerte sich die Technik der Farbkeramik noch und führte zur Lüsterfayence. Nachdem das Tonstück während der Brennung im Ofen unter Oxyddampf gesetzt worden ist, setzt sich dieser Dampf auf der Farbglasur ab und erzeugt einen metallischen, irisierenden Glanz, der damals sehr beliebt war.

Dieser Technik bediente man sich bei der Herstellung sowohl grösserer Farbplatten mit Relief-Inschriften, als auch von

achteckigen Sternen, mit denen man wie mit einfarbigen Fliesen ganze Wandflächen bedecken konnte. Diese Sterne aus Lüsterfayence waren weitgehend für die Ausschmückung von Palästen bestimmt und wiesen u.a. auch Darstellungen von Menschen und Tieren auf. Von Kaschan wurden sie bis nach Bagdad, Kairo, Kairuan und Nordafrika ausgeführt.

Bei Sakralbauten hingegen blieb die Verwendung von farbiger Lüsterfayence auf die Mihrabe und Grabplatten der Imame, die „Sanduks", beschränkt. Auch hier war Kaschan Herstellungszentrum, und auf den heutigen Tag sind noch 17, zwischen 1229 und 1333 entstandene Mihrabe erhalten, deren Dekormaterial aus Kaschan stammt.

Im Zusammenhang mit den Mausoleen der Imame im Iran, die ja tief verehrt wurden, nennt Mazahéri in seinem Werk „Der Iran und seine Kunstschätze" die ältesten dieser aus Lüsterfayence hergestellten Platten, und zwar diejenige von Qum, die den „Sanduk" von Bibi Fatima schmückt und die Daten 1208 und 1216 trägt, und eine andere von 1215 auf dem Grab des Imam Reza in Meschhed. Dazu schreibt Mazahéri: „Vom 10. Jh. an wendet sich die Anbetung der Zwölfer-Schiiten immer mehr den Imamzadeh, den direkten Nachkommen der Imame und ihren Grabstätten zu, doch gewinnt die authentische Liturgie der Schiiten, die solchen heiligen Stätten gewidmet ist, ihre feste, endgültige Form erst im 16. Jh. unter Schah Ismail I."

Die blau-grüne Farbe

In Wirklichkeit besitzen die Farben Blau und Türkis, die man für die Ornamentik der Mihrabe, der oben erwähnten Grabplatten und für die Verkleidung der Kuppelgewölbe verwandte, die Bedeutung eines Talismans; in ihnen wird nämlich, wie C. G. Jung es nennt, der „Archetypus des Lebens" ausgedrückt. Andererseits könnte man das Auftreten von Blau und Türkis als erste Schmuckfarben auch einfacher damit erklären, dass ihre Gewinnung am leichtesten war und man ihre Behandlung im Brennofen am besten beherrschte.

Daraus erklärt sich also die weit verbreitete Verwendung von blau-grünen Fliesen bei der Verkleidung architektonischer Flächen

Seite 99

Aus dem Hintergrund des Nordliwans der Königsmoschee gewinnt man diesen völlig achsenbezogenen Gesamtblick auf den Südliwan mit seinen beiden 50 m hohen Minaretten. Die dahinterliegende Hauptkuppel der Moschee erhebt sich bis zu ihrer kupfernen Spitze 54 m über dem Erdboden. Um den Effekt stufenweise zu erhöhen und das Allerheiligste der Moschee in seiner würdevollen Schönheit voll zur Geltung zu bringen, hat der geschickte Architekt zwei grosse Bogeneingänge neben diesen Liwan gesetzt anstelle der doppelreihigen Arkaden, die im übrigen den Hof umlaufen.

Seite 101

Die Spitze eines der beiden Minarette am Eingangsportal zur Königsmoschee; es ist 42 m hoch. Die Holzgalerie, von welcher der Muezzin zum Gebet aufruft, wird von frei ausladenden Stalaktiten gestützt; riesige Monogramme zu Ehren Allahs befinden sich am Schaft des Minaretts unterhalb des Schriftbandes.

und im Dekor der wichtigen Sakralbauten in Persien. Das Mausoleum von Uldschaitu Chodabende in Soltania ist die erste Realisation dieser Art auf der iranischen Hochebene, die vollkommen mit Fayencefliesen ausgeschmückt ist. Dieser Prinz mongolischer Herkunft unterlag weitgehend dem persischen Kultureinfluss und „bekannte sich zum Zwölfer-Schiismus zu einer Zeit, da die Bevölkerung noch unter dem sunnitischen Feudalismus lebte".

So besteht eine enge Beziehung zwischen der islamitischen Frömmigkeit und einem bestimmten Farbelement, durch das sie sich in der persischen Architektur ausdrückt. Mazahéri schreibt dazu: „Das Wiederaufleben der Farbkeramik im Iran ist dem messianischen Enthusiasmus des Zwölfer-Schiismus zuzuschreiben." Eine solche Behauptung mag zunächst übertrieben erscheinen, sie weist jedoch darauf hin, dass die von arabischen Autoren in Bagdad und Buchara erwähnten Kuppelgewölbe des 10. Jh. mit grüner oder türkisfarbener Ornamentik wahrscheinlich schiitische Kultstätten waren, da die Farbe Grün als Symbol der Aliden galt, der Nachkommen von Ali und Fatima also, zu denen die schiitischen Imame gehören. Dies ist umso wahrscheinlicher, als Buchara damals eine religiöse Hochburg war, wozu Mazahéri erwähnt: „Da sich der Irak unter der direkten Kontrolle der Kalifen befand, bildeten die iranischen Emigranten von Buchara aus eine Art Ausser-Iran in Zentralasien." Und im 17. Jh. sollte sich die farbige Fayence in Isfahan, während der Regierungszeit Schah Abbas' I., des grossen Verteidigers des Zwölfer-Schiismus, zu höchster Blüte entfalten.

Die Technik der Fliesenherstellung als solche hat sich seit Beginn des 14. Jh. zwar nicht mehr fortentwickelt, aber noch um neue Farben bereichert. Neben Dunkelblau, Hellblau, Schwarz und Weiss, die man gleichzeitig mit dem Naturziegel im Mausoleum des Uldschaitu verwendet hatte, vervollständigte sich die Farbpalette im 15. Jh. noch mit grünen, braunen und gelben Tönen.

Das Fayencemosaik

Der Übergang vom Ziegel, der auf einer Fläche gefärbt war und in ein Mauerwerk eingefügt wurde, zum Fayencemosaik hat sich langsam vollzogen. Zunächst benutzte man ganze Ziegel, dann Bauelemente kleineren Formats, mit denen man die Flächenrhythmik immer weiter verfeinern konnte. Gleichzeitig begann man, einfarbig glasierte Fliesen zu benutzen, mit denen man grössere Bauflächen verkleidete.

Die Ziegel und Fliesen wurden vorgeschnitten und zu neuen Dekormustern zusammengesetzt, die sich von der geometrischen Struktur entfernten und immer häufiger kunstvoll ausgeführte Rundlinien bildeten. Mit dieser Zuordnung von Keramikstückchen, das jedes auf eine bestimmte Farbe eingebrannt war, begann die eigentliche Polychromie. Diese Technik eröffnete der Ornamentik seit dem 13. Jh. neue Möglichkeiten und erreichte ihren Höhepunkt in der Timuridenzeit (1370-1502), während der sich die afghanische Stadt Herat zum Zentrum des Fayencemosaiks entwickelte. Dieser Höhepunkt fällt in die Zeit nach Timur Lenk (Tamerlan, wie er bei uns im Westen meist genannt wird), der Isfahan im Jahre 1386 plündern liess. Das Kunstschaffen blühte jedoch unter Schah Roch (1405-1447) stark auf, wofür u.a. die Freitagsmoschee ein sprechendes Zeugnis ablegt; das Tor (s. S. 42), durch das man in die Mihrabhalle von Uldschaitu Chodabende gelangt, ist ein bedeutendes Beispiel für die hoch entwickelte Kunstfertigkeit der Perser auf dem Gebiet des Fayencemosaiks. Die Genauigkeit der Ausführung dieses Mosaikbelages, die sichere Linienführung, die Leuchtkraft der Farben und nicht zuletzt die Haltbarkeit dieser 1447 im Stil von Herat ausgeführten Arbeit, — die Blaue Moschee von Täbris gehört derselben Stilepoche an —, beweisen, dass hier ein absoluter Höhepunkt in der Bauornamentik erreicht wurde.

Herstellungsverfahren

Der französische Architekt und Archäologe André Godard, der sich um eine bemerkenswerte Restaurierung zahlreicher persischer Bauwerke und ganz besonders derjenigen von Isfahan verdient gemacht hat, beschreibt die grossartigen Schöpfungen des persischen Fayencemosaiks und erwähnt im Zusammenhang mit einer Blüte, die ein Paneel in dem „hoch verehrten, von Schah Ismail über der Grabstätte von Fatima, der Schwester des achten Imam der Schiiten" errichteten Heiligtum in Qum schmückt:

Seite 104
Hof der Königsmoschee, Ausschnitt aus der oberen Arkadenreihe, die auf den Westpfeiler des Nordliwans zuläuft. Aus „kashi" genannten Fliesen ist diese Farbsymphonie geschaffen und durch Paneele und fast relieflose Umrahmungen rhythmisch so durchgeformt, als bestünden keine Struktur- und statischen Gesetze; hier ist der Fayencedekor auf das Mauerwerk regelrecht aufgelegt worden. Rechts im Bild wird das feine Gitterfenster an der Innenwand des Nordliwans sichtbar; die Arabesken sind mit Fayencemosaik verkleidet.

„Eine Art weisses Gitter, das die Masse der Blütenblätter umrahmt, ist aus einem einzigen Stück gearbeitet, und zwar wurde es mit Hilfe der wenigen, damals verfügbaren Werkzeuge aus einer farbigen Tonplatte geschnitten; man benutzte dazu kleine Hacken mit horizontaler Schneide, Raspeln und Feilen. In derselben Technik wurden dann gelbe und grüne Blütenblätter hergestellt und zusammen mit den eigentlichen Blüten, die in der Mitte blau sind und kleine gelbe und rote Punkte besitzen, genau in das weisse Gitterwerk eingepasst. Selbst ein geschickter Handwerker musste, unter Berücksichtigung des anfallenden Werkbruchs, mindestens einen vollen Tag an der Herstellung einer solchen Blüte in Farben arbeiten." Da ein grosses Mosaikportal stets Hunderte, wenn nicht Tausende solcher auf den Millimeter genau zusammengesetzten Blüten aufweist, müssen die persischen Baumeister jener Zeit über ein unerhörtes Aufgebot an Arbeitskräften verfügt haben.

Diese Mosaikarbeit, bei der peinliche Genauigkeit unerlässlich ist, entsteht in mehreren Arbeitsgängen. Zunächst werden grössere Fayenceplatten hergestellt, die jede auf eine der benötigen Farben eingebrannt sind, also vor allem auf Kobaltblau, Lapislazuli, Smaragdgrün, Safrangelb, Weiss, Schwarz und schliesslich auch auf Braun und Rot. Der Zeichner, der den Dekorationsplan vorbereitet hat, schneidet aus Papier die einzelnen Formmuster für die verschiedenen Farben vor und lässt sie auf die entsprechenden Fayenceplatten aufkleben. Aus diesen Platten schneidet man dann nach dem Muster die gewünschten Teilstücke heraus, wozu, laut Godard, Dächsel mit horizontaler Schneide, Raspeln und Feilen benutzt wurden.

Der letzte Arbeitsgang besteht schliesslich darin, die verschiedenen Fayenceteilchen mit der Farbfläche nach unten in einer Rahmenform so genau zusammenzusetzen, dass der gebrannte Gips, den man danach darübergiesst, um die Mosaikteile zusammenzukleben, nur in Form ganz feiner, zarter Linien auf der Farbseite in Erscheinung tritt, wenn die Arbeit endlich aus der „Gussform" herausgelöst wird.

Diese Technik konnte man natürlich nur auf gerade, vertikale Flächen anwenden. Was hingegen die Kuppeln betraf, so erklärt Godard dazu folgendes: „Die Aussenflächen der kleinen und grossen Kuppeln sind nie mit bunten Fliesen verkleidet worden, da sie unter den Wettereinflüssen und den Krallen der Tauben zu sehr gelitten hätten. Man benutzte vielmehr schmale, 5 bis 6 cm dicke Ziegelsteine und farbige Keramikteile gleichen Formats und schuf damit ein regelrechtes Mauerwerk an der Kuppel".

A. U. Pope, der bekannte englische Spezialist für persische Architektur, hat noch genauer beschrieben, wie das Aussenmosaik der Kuppeln hergestellt wurde. Zunächst verfertige man auf ebener Erde eine Art hohler Vorform eines Kuppelteils, der wie eine Melonenscheibe von der Basis bis zur Spitze aufgezogen wurde, so dass man dem Dekorationsentwurf entsprechend die farbigen Ziegel in diese Form einsetzen konnte. Zu diesem Zwecke wurde das ganze Muster mit schwarzer Farbe auf den tragenden Untergrund aufgezeichnet, auf den man dann wie bei den zuvor beschriebenen, geraden Flächen die Ziegel mit der gefärbten Seite nach unten aufsetzte. Da diese ganze Arbeit zu Füssen der Kuppel selbst ausgeführt wurde, durften die einzelnen Kuppelteile kaum grösser sein als ein Quadratmeter, damit man sie an ihren endgültigen Platz noch hinaufschaffen konnte. Mit äusserster Genauigkeit wurden sie dann an der runden Kuppelform angebracht und so exakt zusammengefügt, dass man bei einer gut ausgeführten Arbeit keine Spur einer Fuge mehr erkennen konnte.

Die farbigen Fliesen

Zusammenfassend kannte man also vier verschiedene Verfahren zur Anfertigung der farbigen Fayence-Ornamentik, nämlich 1. den auf einer Fläche gefärbten Ziegel, der in das Mauerwerk aus Naturziegel eingefügt wurde; 2. die jeweils nur eine Farbe aufweisende Fliese, mit der man eine Wand verkleidete; 3. die oft polychrome Lüsterfayence mit metallischem Glanz, die das Innere von Palästen, die Mihrabe und die Sanduks schmückte; 4. das Mosaik aus Fayenceteilen, die aus jeweils einfarbig glasierten Platten ausgesägt wurden.

Die letztgenannte Technik ermöglichte natürlich nicht eine rasche Verkleidung grösserer Flächen. Als Schah Abbas der Grosse beschloss, seine neue Hauptstadt Isfahan um weitere, prachtvolle Bauten zu bereichern, musste er daher auf die herrlichen Fayencemosaiks als Ornamentik der Moscheen verzichten. Nur die wichtigsten Stellen der Moschee, also vor allem das Mihrab und der Haupteingang, erhielten eine Mosaikverkleidung in der von den

Timuriden entwickelten und vom ersten Safawiden-Herrscher, Schah Ismail, überlieferten klassischen Technik.

Bei der Verkleidung der vier, auf den riesigen Innenhof der Königsmoschee gerichteten Fassaden mit ihren grossen, prächtigen Liwanen, musste Schah Abbas eine Methode anwenden, die weniger Zeit beanspruchte, und zwar liess er zwei, bis dahin getrennt behandelte Verfahren kombinieren. Es handelte sich einerseits um die einfarbigen Fliesen oder „kashi", die seit langem in der Bauornamentik verwendet worden waren, und andererseits um die polychrome Töpferkeramik, die man „haftrandschi" nannte, was siebenfarbig bedeutet. Man wollte somit die farbigen Kompositionen, die man eigentlich aus einzeln zugeschnittenen, jeweils nur eine Farbe tragenden Teilchen zusammengesetzt hatte, durch Fliesen ersetzen, auf denen man mehrere Farben zugleich einbrennen konnte. Zu diesem Zweck schuf man zunächst eine Unterlage aus nur weiss gefärbten Fliesen; auf diesen weissen Fliesengrund zeichnete man in schwarzen Linien die Pflanzenmotive und Arabesken vor, die dann von Koloristen mit den gewünschten Farben ausgefüllt wurden.

Diese sieben Farben wurden dann wie bei bemalter Töpferware alle zugleich eingebrannt. Das heisst, in einem ersten Brennprozess erhielten die Tonfliesen, die zuvor sorgfältig getrocknet worden waren, nur die weisse Grundfärbung; auf diese wurden dann, wie erwähnt, die verschiedenen anderen Farben aufgetragen und bildeten nach der Glasur im zweiten Brennvorgang mit dem weissen Untergrund ein homogenes Ganzes von höchster Widerstandskraft.

Dieses Verfahren der „haftrandschi", das der zuvor beschriebenen farbigen Lüsterfayence des 12. Jh. nahesteht, ermöglichte also eine raschere Ausführung der Ornamentik als die Mosaikarbeit. Andererseits brachte jedoch die Frage der Glasierung gewisse technische Schwierigkeiten mit sich. Die in der Baukunst verwendete Fayence muss nämlich im ersten Brennprozess bei 950° gebrannt werden, während im zweiten die verschiedenen Farben, wie A. U. Pope vermerkt, wegen ihrer individuellen Reaktion im Brennofen eigentlich mit unterschiedlichen Temperaturen zwischen 800° und 1500° behandelt werden müssten, damit jede ein Höchstmass an Intensität und Glanz erreicht. Die farbigen Fliesen wurden jedoch mit einer Durchschnittstemperatur von 1050° eingebrannt, so dass nicht alle Farben ihre volle Kraft entfalten konnten. Während die eine oder andere der sieben Farben ungenügend glasiert erschien, war eine dritte leicht verdunstet oder hatte Blasen gebildet und wies eine matte Oberfläche auf. Um den chemischen Eigengesetzen der einzelnen Farben Rechnung zu tragen, musste man daher mit Hilfe verschiedener Schmelzmittel eine ganz neue Brenntechnik entwickeln.

Zwar konnten die farbigen „kashi", die im Verfahren der „haftrandschi" hergestellt wurden, nie die Vollkommenheit und Kraft der Pigmentierung eines Mosaiks erreichen, doch gelang es Schah Abbas, mit dieser technischen Lösung hervorragende Werke zu schaffen.

Es war in der Tat für die Baupläne Schah Abbas' unerlässlich, die aufwendige Mosaiktechnik durch eine andere Methode ersetzen zu können, denn allein die farbige Fayenceverkleidung der Königsmoschee von Isfahan hat nicht weniger als anderhalb Millionen Fliesen von 2 cm Dicke und 23 × 23 cm Grösse gebraucht, wobei jedes dieser „kashi" vier bis sieben verschiedene Farben aufweist, die weisse Grundfarbe einberechnet.

Mit dem Ende der Safawiden-Dynastie verfiel auch die Kunst der „haftrandschi" und degenerierte völlig im 18. und 19. Jh. Dennoch muss festgehalten werden, dass diese Technik zu Beginn des 20. Jh. wieder stark aufgelebt ist, vor allem weil Schah Reza an zahlreichen bedrohten Bauwerken wichtige Restaurierungsarbeiten vornehmen lässt. Diese Arbeiten werden unermüdlich fortgesetzt, so dass die grossartigen Kunstwerke der iranischen Architektur, insbesondere die Meisterwerke von Isfahan, in ihrem vollen ehemaligen Glanz wieder erstehen.

Die geometrischen Motive

Die technische Entwicklung der Farbfayence verläuft in so enger Verbindung mit der Entwicklung der Ornamentalkunst, dass es oft schwierig, wenn nicht unmöglich wird festzustellen, ob der technologische Fortschritt bei den Keramikern in Raiy, Susa, Naischapur oder Samarkand zu einer Wandlung in der Bauornamentik geführt hat, oder ob die Baukünstler und -handwerker vielmehr aus ihrem Wunsch, immer wieder neue Dekormuster auszuführen, das

Seite 109
Der Ostpfeiler am Nordliwan der Königsmoschee. Die abgeflachte Kante ist ausschliesslich mit Fayencemosaik geschmückt, während sämtliche daran anschliessenden Flächen mit farbigen Fliesen verkleidet sind. Die Ausdruckskraft dieser Mosaikarbeit auf der abgeschrägten Partie des Pfeilers bildet einen starken Kontrast zu den weicheren und sanfteren Farben der „kashi".

Raffinement von Motiven und Linien oder die Auswahl der Farbtöne zu erhöhen, jenen Fortschritt verursacht haben.

Wie bereits erwähnt, begann die persische Ornamentik gegen Ende des 9. Jh. n.Chr. mit der Anwendung von einfachen geometrischen Motiven, die sich aus dem Wechselspiel der Ziegel im Strukturwerk entwickelt hatten. Durch die horizontale oder vertikale, vorkragende oder zurückgezogene Lage der Ziegel im Mauerwerk, durch die Quinkunxstellung und die Verwendung von kleineren, halben und viertel Ziegeln hatte man bereits vor dem Aufkommen der Polychromie eine Unzahl Ausdrucksmöglichkeiten in der Ornamentik erschlossen. Allein der aus Licht und Schatten entstehende Rhythmus und die vielfach wechselnden Bauelemente brachten zahlreiche Motive hervor, die man auch in Nomadenteppichen wiederfindet, so dass sich die persischen Kunsthandwerker wahrscheinlich oft von diesen Teppichen inspirieren liessen.

Die geometrische Ornamentik geht von dem Prinzip der Wiederholung aus; ihre wichtigsten Motive sind das Kreuz, die Rhombe, der Winkelsparren, der rechtwinklige Mäander, der Stern, das Sechs- und Achteck, das auf der Spitze stehende Viereck, das Fischgrätmuster, das Swastika (die altindische Form des Hakenkreuzes). All diese Formen findet man auch in den Webearbeiten der aus Zentralasien stammenden turkmenischen Volksstämme, die sich an den Grenzen des persischen Reiches abgesetzt hatten. Ausserdem wurden sie schon durch die regelmässigen Ziegelschichten im Mauerwerk bedingt, wie sie beim Weben durch den linearen Raster von Kette und Einschuss entstehen. In diesem Zusammenhang dürften die Beziehungen zwischen den Nomadenvölkern und den sesshaften Stämmen in den Hochebenen des Iran schon zur Zeit vor der Hedschra von grösster Bedeutung gewesen sein.

Mit der Entwicklung und Komplizierung der Schmuckmotive wurde die Anwendung der Polychromie unentbehrlich, um die erforderliche Bildhaftigkeit des Ornamentes zu gewährleisten. Wie bereits erwähnt, benutzte man in Zentralpersien vom 12. Jh. an den auf einer Schnittfläche türkis gefärbten Ziegel, mit dem man in den Mauerflächen aus ockerfarbenem Backstein bereits Varianten zu schaffen vermochte, deren Verhaltenheit und Ausdruckskraft besonders in der Seldschukenzeit eine ungeheure Wirkung erzielten.

Im 13. und vor allem 14. Jh. eroberte das Farbelement allmählich die ganze Fläche des Bauwerks. Arabische Schriftsteller erwähnen

Seite 111
Detail einer Farbfliese, auf der nicht nur Pflanzenmotive, sondern auch Tiere dargestellt sind. Denn Vögel und an anderen Stellen auch Gazellen bewohnen das Paradies der Gläubigen, das auf Erden von der Moschee symbolisch vertreten wird. Dank ihrer Feinheit und Schönheit nimmt die Farbfayence der Safawidenzeit einen wichtigen Platz in der Ornamentalkunst des Islams ein. Die hier abgebildete Fliese liegt in einem stark umgearbeiteten Paneel der Königsmoschee und hat sich früher wahrscheinlich an anderer Stelle befunden.

III

zwar schon im 10. Jh. grüne und blaue Kuppeln in Bagdad und Buchara, aber auf der iranischen Hochebene stammt das älteste noch erhaltene Beispiel der polychromen Bauornamentik erst aus dem 14. Jh. Es handelt sich um die Epoche der Ilchane, aus der das Mausoleum von Uldschaitu Chodabende in Soltania stammt. Im Vergleich zu den letzten Bauten der Seldschuken ist man bei diesem grossartigen Bauwerk genau umgekehrt als bisher verfahren und hat einen türkis-blauen Grund geschaffen, auf dem einige naturfarbene Ziegel nun als Schmuckelement hervortreten.

Die Pflanzenmotive

Erst zur Zeit der Mongolenherrschaft im 14. Jh. traten die geometrischen Motive allmählich hinter den Pflanzenmotiven zurück. Blumen, Blätter und stilisiertes Rankenwerk wurden offensichtlich nach dem Vorbild der Stuckskulpturen aus der Zeit des Uldschaitu Chodabende in Farben ausgeführt; so findet man z.B. blaue Blüten zwischen den geometrischen Motiven in den Backstein-Stalaktiten des grossen Liwans, der die Medrese der Freitagsmoschee gegen Süden abschliesst (s. S. 40).

Diese Schmuckelemente aus der Blütenwelt verbreiteten sich in der persischen Ornamentik allmählich so weit, dass sie ein Jahrhundert später, in der Timuridenzeit, bereits grosse Flächen bedeckten. Wir haben schon erwähnt, mit welchen technischen Mitteln das Fayencemosaik für die farbige Ornamentik hergestellt wurde. Ganz bescheiden traten in der Epoche der Mongolen zunächst Gewinde aus kleinen, stilisierten blauen Blüten auf und mit ihnen die zuvor beschriebene Technik, die gewünschten Formen aus farbigen Fliesen auszusägen; man beschränkte sich also nicht mehr auf viereckige und rechteckige Schmuckelemente, die bis dahin allein durch ihre Plazierung im Mauerwerk eine ornamentale Rhythmik geschaffen hatten. Die neuen Muster im ockerfarbenen, streng geordneten Ziegelwerk bestanden nun schon aus runden Linien, blauen Blütenblättern und Laubwerk.

In der darauf folgenden Entwicklungsphase, die, wie schon erwähnt, ihren Höhepunkt unter der Herrschaft der Timuriden erreichte, schuf man einen farbigen Untergrund, z.B. in Kobaltblau oder Schwarz, von dem sich Blüten und Blätter in helleren

Seite 113
Hier steht die persische Baukunst auf ihrem Höhepunkt. Die Morgensonne lässt den Westliwan der herrlichen Königsmoschee in voller Pracht erscheinen. Durch das Spiegelbild auf der unbeweglichen Wasserfläche des grossen Zentralbeckens gewinnt die Vertikale des Liwans eine Doppelwirkung, so dass die Vollkommenheit der architektonischen Schöpfung noch eindringlicher zur Geltung gelangt. Die Moschee scheint in regungsloser Ewigkeit zu schweben, als umgebe sie ein mystischer Hauch des Paradieses, jener „Stadt Hurkalja", die in den Schriften des mittelalterlichen Schiismus genannt wird.

Farben wie Weiss, Türkis, Grün, Gelb und sogar Rotbraun abhoben. Die Bereicherung der Farbpalette wurde durch die Vielfalt an Schmuckmotiven verursacht; Rosetten, Nelken, Lotusblumen, Granatblüten, Hahnenfuss, Weinranken und Astwerk überdeckten bald in kunstvollen Arabesken, eingerollten Rauten, Spiralen und Gewinden die farbigen Fayencepaneele des 15. und 16. Jh.

Der persische Stil von Indien bis Anatolien

Aus diesem Reichtum an Pflanzenmotiven entstand zusammen mit den geometrischen Motiven, die sich gleichzeitig zu ähnlicher Pracht entwickelten, eine spezifisch persische Ornamentik, die dank der persischen Meister am Mongolenhof von Herat eine stilistische Hochform der graphischen Formulierung erreichte und bald den ganzen Mittleren Orient erobert hatte.

Im 15. Jh. verbreitete sich die Verwendung der Farbfayence, — auf die, wie schon erwähnt, die Stadt Kaschan ein Monopol hatte, vor allem auf die Lüsterfayence mit ihrem besonderen Metallglanz, — nicht nur bis an den Timuridenhof in Afghanistan und nach Nordindien, sondern von der mächtigen Stadt Täbris im Nordwesten Persiens aus bis zum Osmanenreich in Anatolien und an den Bosporus. Die Jeschil Türbe, das „Grüne Grab" von Mehmet I. in Bursa, ist für diese ungeheure Verbreitung ein Beispiel aus dem Jahr 1421, während die Jeschil Camii von Iznik (Nicäa) ein anderes Beispiel aus dem Jahr 1391 darstellt. Diese Kunst wurzelt zwar in einem Reich, das für die kurze Zeit der Seldschukenherrschaft im 11. Jh. schon den Iran mit Anatolien vereint hatte, sollte sich aber bis ins 16. Jh. ständig weiterentwickeln, um unter dem türkischen Sultan Süleiman dem Grossen ihren Höhepunkt zu erreichen.

Wahrscheinlich waren es persische Meister, die in den osmanischen Zentren der Fayenceherstellung von Iznik und Bursa arbeiteten. Sie verbreiteten in der Türkei ihre technischen Kenntnisse und gaben ihre Herstellungsgeheimnisse weiter, wie einer auf Persisch verfassten Inschrift aus dem Jahre 1472 am Çinili Kösk (dem Kiosk aus Keramik) in Istanbul zu entnehmen ist. Jedenfalls liesse sich daraus auch die stilistische Analogie zwischen osmanischen und persischen Motiven und Schriftzeichen auf den Schmuckflächen erklären.

Um den wechselseitigen Einfluss dieser beiden Reiche des Mittleren Orients besser zu verstehen, sollte nicht unerwähnt bleiben, dass die Osmanen grosse Flächen ihrer Bauwerke schon vom 15. Jh. ab mit bunten Fliesen verkleideten, deren Stil letztlich auf die farbige Lüsterfayence von Kaschan zurückgreift; in Persien hingegen ersetzte diese Technik das Mosaik erst im 17. Jh. unter Schah Abbas I. Während aber die Farbfayence in Bursa, Edirne und Istanbul vornehmlich für die Ornamentik im Innern der Bauwerke verwandt wurde, diente sie im Safawidenreich auch zur Verkleidung der Aussenfassaden von Gebäuden in Isfahan oder Meschhed. Daraus ergab sich notgedrungen ein Unterschied in der Herstellung und Qualität des Materials, so dass die türkischen Fliesen zarter sind als die kräftigen Kompositionen aus der Zeit Schah Abbas'.

Das Problem des Bilderschmucks

Neben zahlreichen Pflanzenmotiven treten in der persischen Ornamentik auch hin und wieder tierische Darstellungen auf, insbesondere von Vögeln. So befindet sich oberhalb des Eingangsportals zur Königsmoschee ein Mosaik mit zwei sich zugewandten grünen Pfauen, die wie der Phönix ein Symbol der Ewigkeit in der persischen Mythologie darstellen. Auf anderen Paneelen findet man Sperlinge und Steinböcke in einer heiteren Naturszene, womit das Paradies mit seinen Gärten der Glückseligkeit (s. S. 111) versinnbildlicht wird.

Es mag überraschen, dass derlei Darstellungen in der Welt des Islams möglich waren, noch dazu in einer Moschee. Denn im Abendland ist man ja weitgehend davon überzeugt, dass jegliche Darstellung eines lebenden Wesens von den Musulmanen nicht geduldet wurde. In Wirklichkeit enthält der Koran jedoch kein Verbot dieser Art; Mohammed, der die biblischen Schriften und vor allem die Zehn Gebote des Alten Testamentes verehrte, hatte lediglich das Verbot betreffs der Darstellung der Gottheit übernommen, wo es heisst: „Du sollst keine andern Götter haben neben mir. Du sollst dir kein Bildnis noch irgend ein Gleichnis machen, weder dessen, das oben im Himmel, noch dessen, das in den Wassern, unterhalb der Erde ist. Bete sie nicht an und diene ihnen nicht".

Darüberhinaus beruht das Verbot bildlicher Darstellungen im Islam einzig auf den Hadithen, einer Sammlung von Überlieferungen, die sich auf die Worte des Propheten beziehen und neben dem Koran höchste Autorität geniessen. In diesem Zusammenhang verweisen Hautecœur und Wiet („Die Moscheen von Kairo") auf folgenden Text der Hadithe: „Der Prophet verflucht die Maler, die versuchen, den schöpferischen Akt Allahs nachzuahmen oder ihm gleichzukommen, und sie werden auf Geheiss Allahs die grausamste Strafe erfahren." Weitere Textstellen dieser umfassenden, aus dem 9. Jh. stammenden Sammlung der Hadithe bekräftigen zwar den Grundsatz, doch kommt dieser Überlieferung nicht die zwingende Bedeutung zu, wie man weithin annimmt. Wie in den jüdisch-christlichen Geboten geht es auch im islamischen Glauben letztlich nur darum, den Bilderkult zu verhindern. Die oben erwähnten Texte richten sich also in erster Linie gegen eine Darstellung der Gottheit selbst, und nur gewisse Puristen versuchten, sie durch ihre Auslegung auf alle bildlichen Darstellungen überhaupt auszudehnen.

Ausserdem beweisen die Kunstwerke aus der früh-islamischen Kultur, der Zeit der Omaijaden und Abbasiden also, dass jenes Verbot mit grösster Toleranz interpretiert wurde. Schon in den ersten Jahrhunderten nach der Hedschra finden sich zahlreiche Darstellungen nicht nur von Pflanzen, die ja ebenfalls Lebewesen sind, sondern auch von Tieren und sogar menschlichen Figuren in der Bauornamentik.

Daher ist es nicht verwunderlich, wenn sich die bildliche Darstellung in der islamischen Kunst erhält und in der Welt des Iran vor allem auf dem Gebiet der Miniaturmalerei eine ungeheure Entfaltung erlebt, und zwar sowohl in Täbris als auch in Schiras, Herat oder Buchara. Sie erreicht ihren Höhepunkt in den herrlichen Schah-Namé, den Königsbüchern, die im 14. Jh. ausgeführt wurden und die Gedichte von Firdausi illustrieren, jenes Dichters des 10. Jh., dem Persien das Wiederaufleben der iranischen Kultur jener Zeit verdankt.

Im Iran entwickelte sich auch die Technik der Lüsterfayence von Kaschan, auf der zahlreiche Tiere und menschliche Figuren dargestellt sind. Somit dürfen wir feststellen, dass die Kunst der Farbfayence schon im 12. Jh. hinreichend die bildliche Gegenwart lebender Wesen berücksichtigt hat.

Seite 116
Über dem Westliwan der Königsmoschee erhebt sich ein Goldasteh aus Holz mit seinem Pyramidendach; von diesem Pavillon herab richtet der Imam seinen Aufruf an die im Moscheenhof versammelten Gläubigen. Die Flächen zwischen Liwanbogen und dem abschliessenden Rahmen sind besonders prachtvoll ausgeschmückt; die Motive lehnen sich weitgehend an die damals üblichen Blumenmotive der Teppichkunst an, die sich besonders während der Regierungszeit Schah Abbas' zu hoher Blüte entfaltete.

Die Bauinschriften

Die teilweise strenge Interpretation der Hadithe, sowie eine unleugbare Verwandtschaft mit dem Kunstempfinden der Nomadenvölker haben die persischen Musulmanen veranlasst, in der Bauornamentik doch ihrem tief verwurzelten Sinn für die Erforschung des Abstrakten, für Mathematik und Geometrie Ausdruck zu verleihen. Daraus erklärt sich die ungeheure Entfaltung einer persischen Architektur, die zunächst nur gerade Linien verwendet und die einzelnen Bauwerke mit einem regelrechten Webmuster aus Schmuckziegeln überzieht.

In dieser frühen Ornamentik der islamischen Architektur traten dann bald die ersten Inschriften auf, die wie der übrige Dekor aus Ziegeln zusammengesetzt und als Relief in das Mauerwerk eingetragen wurden. Diese Technik bedingte jedoch eine starke Geometrisierung der Schriftzeichen, um den Anforderungen ihrer plastischen Verwendung gerecht zu werden, so dass die ursprünglich fliessenden, weichen und runden Linien der arabischen Zeichen stark schematisiert werden mussten und die berühmte kufische Schrift entstand.

Mazahéri erwähnt hierzu folgendes: „Der kufische Schriftstil, der in Al-Kufa, in der Nähe von Ktesiphon, entwickelt wurde, stellt eine Nachahmung der Pehlewi-Parolen in Buchstaben des Koran-Alphabets dar, einer sassanidischen Schreibform, die man auch in Stuck ausführte. Es handelt sich um einen kufischen Stil zoroastrischen Ursprungs, von dem vorislamische Beispiele bekannt sind. Während man aber die zoroastrisch-kufische Schrift leicht lesen kann, ist ihre arabische Imitation schwer zu entziffern, da man hier im Bemühen, sie der sassanidischen Schriftvorlage anzupassen, die in der arabischen Schrift unentbehrlichen diakritischen Zeichen fortgelassen hat".

Der Islam ist eine Religion der Schrift, des Buches, und wie die Thora oder die Bibel eine Offenbarungslehre. Diese wichtige Rolle des heiligen Textes konnten auch die Bauherren nicht übersehen, so dass die Sakralbauten seit Beginn des Islams Inschriften tragen, auf denen ihre Bestimmung, Aufgabe und Bedeutung für die Glaubensgemeinschaft angezeigt wird. Sie geben entweder Zitate aus dem Koran wieder oder tragen einfach heilige Monogrammzeichen, die in die Fassaden und Minarette eingelassen sind und dadurch zugleich ein wirksames Werbemittel für den islamitischen Glauben darstellen. Schon früh werden die Mauern persischer Sakralbauten mit grossen Symbolzeichen der schiitischen Dreiheit Allah, Mohammed und Ali geschmückt, wobei die Stilisierung der Schriftzüge bis zur Unleserlichkeit gehen und diese einen rein dekorativen Charakter annehmen konnten. Selbst einem Kenner sollte es schwerfallen, diese bis zur äussersten Grenze vereinfachten kufischen Zeichen, mit denen man die drei Namen wie Schemata wiedergab, noch zu entziffern. Die Künstler der Bauornamentik haben die geometrischen Motive der drei Begriffe im Laufe der Zeit immer weiter von ihrer ursprünglichen Aufgabe entfernt und die einzelnen Zeichen so stark vereinfacht oder wiederholt und symmetrisch verdoppelt, dass man statt von rechts nach links auch in umgekehrter Richtung lesen konnte und die Schrift an sich wie bei den Teppichmustern nur noch Vorwand war, um völlig in das Spiel der Ornamentik einzugehen. Dennoch bewahren sie stets ihre ursprüngliche Bedeutung, nämlich das Bauwerk, das sie schmücken, zu heiligen.

Die Rolle der Epigraphie

Unter den zahlreichen Inschriften, die durch ihre elegante Schematisierung am rhythmischen Spiel der Ornamentik aktiv teilhaben, möchten wir auf diejenigen aufmerksam machen, die in Isfahan das Minarett des Ali vom 12. Jh. ab schmücken. Sie betreffen nämlich weitgehend die vom Muezzin ausgerufenen Sätze und stellen dadurch eine direkte Beziehung zum Bauwerk her, von dessen Höhe herab der Aufruf zum Gebet erfolgte. So kann man in grossen, eckigen kufischen Lettern, die in blauen „kashi" ausgeführt mitten in die naturfarbene Backsteinmauer eingesetzt sind, folgende Worte lesen: „Es gibt keinen anderen Gott als Gott," „Die Macht ist bei Gott," „Mohammed ist der Prophet Gottes". Eine weitere, aus schlichten Ziegeln zusammengesetzte Inschrift am Fusse des Minaretts gibt den 16. Vers aus der dritten Sure des Korans wieder: „Gott ist selbst Zeuge, dass es keinen anderen Gott gibt als Ihn."

Am Eingangsportal zur Medrese, die der Musaffaride Kutb ad-Din Schah Mahmud 1366 neben der Freitagsmoschee errichten liess, befindet sich eine der ältesten Inschriften des Bauwerks in grossen kufischen Lettern, die in weissen „kashi" auf blauem Untergrund den Beginn der 76. Sure mit der Überschrift „Der Mensch" wiedergibt. Obwohl heute die Verse 7 bis 21 über dem Gewölbebogen fehlen, möchten wir hier doch diese wunderschöne Sure vollständig wiedergeben:

Im Namen des allbarmherzigen Gottes:
Ist denn nicht ein grosser Zeitraum über dem Menschen verstrichen, seit man sich seiner erinnert hat?
Wir haben den Menschen geschaffen aus dem vermischten Saamentropfen beider Geschlechter, um ihn zu prüfen, und haben ihm gegeben Gehör und Gesicht.
Wir haben ihn auch geleitet auf den rechten Weg, mag er nun dankbar oder undankbar sein.
Den Ungläubigen haben wir bereitet Ketten, Halsbänder und das Höllenfeuer.
Die Gerechten aber werden trinken aus einem Kelche Wein gemischt mit Wasser aus der Quelle Kafur,
einer Quelle, aus welcher die Diener Gottes trinken und welche sie leiten können, wohin sie wollen.
Die Gerechten erfüllen ihre Gelübde und fürchten den Tag, der seine Übel weithin sendet,
und seufzen nach ihrem Mahl und speisen den Armen, den Waisen und den Gefangenen,
und sprechen: wir reichen euch diese Speise, um Gott gefällig zu sein, und begehren von euch weder Lohn noch Dank;
wir fürchten von Gott einen schrecklichen, einen unheilvollen Tag.
Diese aber wird Gott bewahren vor dem Unheil dieses Tages. Er lässt Heiterkeit und Freude auf ihrem Antlitz leuchten.
Zum Lohn für ihre ausharrende Geduld gibt er ihnen einen Garten und seidene Gewänder.
Sie werden dort ruhen auf Lagerkissen und nicht leiden unter der heissen Sonne, noch der Eiseskälte.
Die Bäume werden ihren Schatten über ihnen ausbreiten, und ihre Früchte werden tief herabhängen, damit sie leicht gepflückt werden können.
Und die Aufwärter werden um sie herumgehen mit silbernen Kelchen und Bechern und mit glashellen Silberflaschen,
die sie füllen können, um sich zu erfrischen an einem Ingwer-Wasser, das sie aus einer Quelle schöpfen, welche dort Salsabil heisst.

Seite 121
Ausschnitt aus dem Nordpfeiler des Westliwans. Am Vergleich mit den beiden Menschenfiguren, — es ist ein Molla mit seiner Frau —, die zwischen dem Becken und dem Gebäude vorüberschreiten, wird das gewaltige Ausmass der Königsmoschee besonders gut deutlich. Die hohe Sockelleiste, die in dieser Form den ganzen Moscheenhof umläuft, findet man auch in der Freitagsmoschee, der Moschee Scheich Lotfallah und in der Medrese Schah Sultan Husain. Hier schafft die warme Tönung der Marmorverkleidung einen starken Kontrast zum Blau-Grün, das im darüberliegenden Fliesendekor vorherrscht.

Zu ihrer Aufwartung gehen um sie herum ewig blühende Jünglinge, deren Schönheit so vollkommen ist wie die Schönheit der Perlen.

Dieser Aufenthalt der Wonne ist ein grosses Reich, in welchem die Gerechten Gewänder tragen aus feiner grüner Seide und aus Brokat.

Sie werden geschmückt sein mit Silber, und ihr Herr wird ihnen das reinste Getränk zu trinken geben und sagen:

Dies ist euer Lohn und der Dank für euer Streben

Wahrlich, wir haben dir den Koran offenbart.

Darum erwarte in Geduld das Gericht deines Herrn, und gehorche keinem Sünder und keinem Ungläubigen.

Gedenke des Namens deines Herrn des Morgens und des Abends und auch in der Nacht.

Verehre Gott und preise ihn während der ganzen Nacht.

Wahrlich, viele Menschen lieben nur das dahineilende Leben und lassen unbeachtet den langen Tag des Gerichts.

Hinter solchen Passagen ethischen und eschatologischen Gehalts, die über den Eingängen von Moscheen und Medresen oft in vollem Umfang wiedergegeben sind, verbirgt sich ein echter islamitischer Bekehrungseifer. Andere Inschriften hingegen haben lediglich die Aufgabe, bestimmte Fakten festzuhalten.

Die Rolle der historischen Inschrift

Aus zahlreichen Inschriften lässt sich oft der Name des Bauherrn und des Architekten, sowie das Gründungsdatum eines Bauwerks ablesen. So wurde z.B. die Medrese der Freitagsmoschee im Monat des Muharram im Jahr 768 der Hedschra gegründet, also im Jahr 1366 unserer Zeitrechnung. Auch kennen wir den Künstler, der die Inschrift des Mihrab angefertigt hat, denn dort kann man lesen: „Sie wurde geschrieben von Ali Kuhnbar al-Abarkuhi, im Jahre 778", womit feststeht, dass die Ausschmückung des Liwans im Jahre 1377 fertiggestellt wurde. In den beiden kleinen Medaillons oberhalb des Mihrab sind ebenfalls die Namen der Ausführenden angegeben, nämlich Scham, Sohn des Tadsch, und Fakhr, Sohn des al-Wahab Schirasi, des Maurers. Der Name des Architekten schliesslich ist sowohl im Schmuckwerk des Kopfbogens des Liwans vermerkt wie in der Zierleiste des Kuppelgewölbes. Dort

Seite 123
Der Nordwestwinkel der doppelten Arkadenreihe im Hof der Königsmoschee. Die reine, scharf durchgezogene Linienführung, in welcher die geometrischen Formen wie herausgeschnitten scheinen, lässt die eigentliche Konstruktion des Bauwerkes fast vergessen und erreicht klassische Vollkommenheit. Die Bogenleibung der einzelnen Arkaden bleibt hier noch unprofiliert, doch ging diese Schlichtheit gegen Ende der Safawidenzeit verloren und wurde von Halbkuppelgewölben mit Rauten- und Stalaktitendekor (s. S. 155) abgelöst.

heisst es: „Der vor dem allmächtigen Gott treue, arme al-Morteda b. al-Hasan al-Abbasi al-Zinabi. Möge Gott ihn gnädig annehmen, den Erbauer des Hauses Gottes des Hocherhabenen". Die Baukünstler des islamischen Mittelalters haben also ebenso wenig wie die des christlichen Mittelalters, entgegen einer weit verbreiteten Überzeugung, die Anonymität gewahrt, sondern ihre Namen an günstigen, besonders auffälligen Stellen, wenn nötig auch gleich zweimal eingetragen.

Die meisten dieser Inschriften haben wir aus dem Werk von André Godard übernommen. Dies gilt auch für folgenden Text aus dem 15. Jh., der in der Freitagsmoschee zu finden ist und auf Arbeiten hinweist, welche unter Usun Hassan ausgeführt wurden während seiner Herrschaft von 1453 bis 1478 über das grosse Reich von Armenien, Mesopotamien und den Iran: „Lob sei Gott, Segen auf seinen Propheten Mohammed! Der Sultan, der Gerechteste, der Ruhmreichste Abul-Nasr Hassan Bahadur (gemeint ist also Usun Hassan), — Gott erhalte sein Königreich und sein Sultanat, — hat angeordnet, das von dieser grossartigen Moschee des Dschami instand zu setzen, was in schlechtem Zustand war und diesen erhabenen Fliesenbelag nach seiner Beschädigung zu erneuern und vor dem Verfall zu retten. Aus seinem eigenen Vermögen im Jahre 880" der Hedschra, was dem Jahr 1475 unserer Zeitrechnung entspricht.

Nach Godards Meinung bezieht sich dieser Text auf Restaurierungen des Gewölbes über dem Südliwan und der beiden Minarette. Aus dieser Epoche stammt jedenfalls der Innenschmuck des erwähnten Liwans (s. S. 34 und 37), dessen Mosaikverkleidung auch ein kleines Medaillon mit dem Hinweis enthält: „Werk des Ustad (Meister) Scham ad-Din, Zuschneider der kashi". Dieser Vermerk ist umso aufschlussreicher, als man daraus schliessen darf, dass das Mosaik von ein und demselben Künstler entworfen und ausgeführt worden ist. Obwohl dieser Künstler wahrscheinlich mehrere Gesellen zur Hilfe hatte, scheint er doch an das Aussägen und Zuschneiden der Farbplatten selbst letzte Hand angelegt zu haben, um sich einer absolut getreuen Ausführung seines Entwurfes zu versichern.

Das Interesse für oben erwähnte Inschrift wird schliesslich noch dadurch erhöht, dass sie in der nur selten angewandten Relieftechnik (s. S. 34) ausgeführt worden ist, die laut Godard „nur vorübergehend üblich war"; auch Motive aus naturfarbenem Backstein auf farbigem Untergrund „wurden nur für kurze Zeit" beibehalten.

Seite 125
Detail aus der Fliesenverkleidung der Rückwand einer Hofarkade in der Königsmoschee. Um eine Rose sind Nelken und Hahnenfuss in symmetrischem Rankwerk angeordnet. Die Farbpalette drückt eine freie Übertragung der Realität aus und beabsichtigt keineswegs, die Natur zu imitieren. Hierzu möchten wir einen Vers aus der 30. Sure zitieren, wo es heisst: „Diejenigen aber, die geglaubt und Gutes getan haben, werden sich ergötzen auf einem Blumengefilde."

Über dem Eingangsportal der Moschee Scheich Lotfallah befindet sich ein in „kashi" ausgeführtes Textband mit einer Datenangabe der Ornamentik, welche die Fassade zum Meidan-i-Schah schmückt. Nach André Godard übersetzen wir diesen Text folgendermassen:

Diese gesegnete Moschee zu erbauen hat angeordnet der ruhmreichste Sultan, der grossmütigste Gross-Chan, Erneuerer der Tugenden seiner reinen Vorfahren und Verbreiter der Lehre der reinen Imame, Abul Musaffar Abbas Husaini Musawi Safawi Bahadur Chan. Möge Gott der Allerhöchste sein Reich erhalten, und möge sein Schiff über die Meere der Sicherheit gleiten. Bei Mohammed und seiner Familie, der Gütigen, Reinen, Unschuldigen: das Heil Gottes sei über ihm und den Seinen. Geschrieben von Ali Risa Abbasi, im Jahre 1012.

Dieses Datum entspricht dem Jahr 1603 unserer Zeitrechnung. Im einundzwanzigsten Jahr seiner Regierung, also dreizehn Jahre später, ordnete Schah Abbas den Bau der Königsmoschee an. Dort erinnert eine Inschrift an die Fertigstellung des Portals zum Meidan-i-Schah in folgenden Worten:

Den Bau dieser Moschee und Kathedrale hat aus seinen eigenen Geldmitteln angeordnet der Vornehmste in der Nachkommenschaft aller Herrscher auf Erden, der durch seine persönliche Geltung Verehrungswürdigste, der an Rang und Stellung Bedeutendste, der in Beweis und Zeugnis Stärkste, jener, der am besten Gerechtigkeit und Wohltätigkeit vereint, Staubkorn von der heiligen Schwelle des Propheten, Kehricht von dem gereinigten Hof des Heiligtums des Ali, Abul Musaffar Abbas Husaini Musawi Safawi Bahadur Chan. Geschrieben von Ali Risa Abbasi, im Jahre 1025.

Dies bedeutet, dass das Portal der Königsmoschee im Jahre 1616 n. Chr. fertiggestellt wurde. Aus einer zweiten Inschrift erfahren wir von der Beendigung dieser Arbeiten rund zwanzig Jahre später, nach dem Tode Schah Abbas'. Sie vermittelt zwei wichtige Angaben, nämlich zunächst, dass dieses Bauwerk der tief verehrten Moschee Al-Aksa in Jerusalem gleichgesetzt wurde, ausserdem dass es sich beim Architekten um einen gewissen Ali den Grossen von Isfahan handelte:

Mit Hilfe Gottes und seinem grosszügigen Beistand wurde die Erbauung dieser Moschee beendet, die es verdient, dass man in ihr nach allen Vorschriften das Gebet verrichtet. Sie ist der Moschee Al-Aksa ebenbürtig, deren Besuch gesegnet ist. Zweimal glücklich ist der, der für die Ausführung der Grundmauern gesorgt hat. — Möge er nicht aufhören zu sein, wie sein Name Muhibb Ali besagt, das ist: Freund des Ali zu sein. Der Architekt nun, der sich in der Arbeit den Ingenieuren ebenbürtig erwiesen hat, ist der bemerkenswerte Ustad Ali Akbar Isfahani. Auf dass Gott ihn mit grosser Würde ehre!

Religiöse Propaganda

Was die Ornamentik und Restaurierung betrifft, die zur Safawidenzeit an der Freitagsmoschee durchgeführt wurden, so finden sich hier interessante Textstellen aus dem Koran, besonders diejenige im Kopfbogen des Südliwans, die aus der Zeit von Schah Tahmasp stammt und die neun ersten Verse der 17. Sure wiedergibt, die mit den Worten beginnt:

Im Namen des allbarmherzigen Gottes:
Lob und Preis sei dem, der seinen Diener des Nachts vom heiligen Tempel zu Mekka zum fernen Tempel zu Jerusalem geführt hat, dessen Stätte wir gesegnet haben, damit wir ihm unsere Wunder zeigen. Denn Gott hört und sieht alles.

Dieses Zitat aus der berühmten „nächtlichen Reise", in der Mohammed vom Engel Gabriel auf einem Reittier namens Borak durch die sieben Himmel zum Thron Gottes geführt wurde, wird wiederum mit einer Datenangabe abgeschlossen: „So geschrieben im Jahre 938 und ausgeführt von dem armen Jussuf, dem Sohn des Tadsch ad-Din, Maurer von Isfahan." Es handelt sich also um das Jahr 1531 unserer Zeitrechnung.

Das Schriftband aus der Zeit von Schah Tahmasp, das den Bogen desselben Südliwans der Freitagsmoschee umläuft, verrät noch deutlicher das Anliegen der Safawiden, für den Zwölfer-Schiismus zu werben, trägt es doch vierzehn langgezogene Medaillons mit je einem Gebet zu Ehren der Vierzehn Reinen, also Mohammeds, seiner Tochter Fatima und der zwölf Imame. Zwischen jedem dieser Medaillons sind insgesamt dreizehn kleinere eingelassen.

Die Verblendung rings um diesen Liwan schliesslich trägt ein Schriftband mit den ersten einundzwanzig Versen der 48. Sure, die den Titel trägt: „Al Fath", das bedeutet: der Sieg. Da diese Verse zu den schönsten überhaupt im Koran gehören, möchten wir sie im folgenden wiedergeben:

Im Namen des allbarmherzigen Gottes:
Wahrlich, wir haben dir einen offensichtlichen Sieg verliehen,
Auf dass Gott zeige, dass er dir deine früheren und späteren Sünden vergibt, und seine Gnade an dir vollende, und dich leite auf den richtigen Weg; auf dass er dir beistehe mit mächtiger Hilfe.
Er ist es, der heitere Ruhe in die Herzen der Gläubigen hinabsendet, damit ihr Glaube ständig wachse (denn Gott gehören die Heerscharen des Himmels und der Erde, und Gott ist allwissend und allweise);
auf dass er bringe die Gläubigen beiderlei Geschlechts in Gärten, welche Wasserbäche durchströmen, in welchen sie ewig bleiben sollen; damit er ihre bösen Handlungen ihnen sühne. Es ist eine grosse Glückseligkeit, die Gott ihnen schenkt.
Er wird strafen die heuchlerischen und götzendienenden Männer und Frauen, und alle jene, die eine falsche Meinung von Gott haben. Das Rad des Unglücks dreht sich gegen solche, und Gott wird ihnen zürnen und sie verfluchen. Die Hölle hat er ihnen bereitet, das schreckliche Ende.
Gott gehören die Heerscharen des Himmels und der Erde, und Gott ist mächtig und weise.
Wir haben dich gesandt, oh Mohammed, als Zeugen, der gegen sie aussagen wird, als Apostel, der verkündet und warnt,
auf dass ihr, oh Menschen, glaubet an Gott und seinen Propheten, und ihm beistehet und ihn verehret und ihn preiset des Morgens und des Abends.
Die, welche dir die Hand reichen und dir Treue schwören, schwören Gott Treue; und Gottes Hand ist gelegt über ihre Hände. Wer nun seinen Eid verletzt, der verletzt ihn zum eigenen Schaden, wer aber treu bleibt dem Bündnisse, dem wird Gott eine herrliche Belohnung zuerteilen.
Die Araber der Wüste, welche zurückgeblieben sind und nicht in den Krieg ziehen, sprechen zwar: unsere Viehherden und unsere Familien verhinderten uns zu folgen; bitte daher Gott, dass er uns unsere Sünden vergebe. Aber sie sprechen mit ihrer Zunge anders als ihr Herz denkt. So sage ihnen: Wer vermag gegen Gott zu kämpfen, so er euch schaden oder nützen will? Wahrlich, Gott weiss wohl, was ihr tut.

Seite 128
Die üppige Pracht des Arkadendekors im Hof der Königsmoschee kommt in dieser Nahaufnahme voll zur Geltung, während sie aus grösserer Entfernung betrachtet beinahe zu einem homogenen Ganzen verschmilzt. Gerade in dieser Moschee gelang es den Baukünstlern, den starken Kontrast zwischen der kostbaren, minuziös angefertigten Ornamentik und der strengen Geometrie der Struktur in höchster Harmonie zu vereinen. Hinter den Arkadenbalkons befinden sich Zellen für den Molla und seine Schüler.

Seite 130
Die westliche Säulenhalle neben dem grossen Kuppelraum der Königsmoschee. Die Nüchternheit der polygonalen Sandsteinsäulen kontrastiert mit der prunkvollen Fliesenverkleidung von Wänden und Gewölben, deren Kuppelform hier übrigens stark abgeflacht ist. Am Ende jeden Gewölbejochs befindet sich ein kleines Mihrab, das dem Gläubigen die Gebetsrichtung nach Mekka anzeigt.

131

Ihr aber glaubt, dass der Gesandte und die Gläubigen nie wieder zu ihren Familien zurückkehren würden, und solcher Glaube gefiel eurem Herzen; aber ihr hattet da eine falsche Meinung, und ihr seid nichtswürdige Menschen vor Gott.

Wir haben das Höllenfeuer bereitet für die Ungläubigen, die nicht glaubten an Gott und seinen Gesandten.

Gott gehöret die Herrschaft über Himmel und Erde; er verzeiht, wem er will, und er bestraft, wen er will. Er ist nachsichtig und barmherzig.

Wenn ihr Beute macht, werden die Araber, die in ihren Häusern zurückgeblieben sind, sagen: lasst uns euch doch folgen! Und sie wollen so das Wort Gottes verändern, aber sage ihnen: ihr sollt uns keineswegs folgen, dies hat Gott so beschlossen. Sie aber werden erwidern, dass ihr ihnen nur die Beute missgönnt. Dies ist nicht so, aber sie verstehen es nicht.

Sage zu den Arabern der Wüste, die zurückgeblieben sind: wir werden euch aufrufen, zu ziehen gegen ein mächtiges und kriegerisches Volk, und ihr sollt es bekämpfen, oder es bekenne sich zum Islam. Zeigt ihr euch dann gehorsam, so wird euch Gott herrliche Belohnung geben; kehret ihr aber den Rücken, so wie ihr früher schon den Rücken gewendet, so wird er euch peinvolle Strafe auferlegen.

Der Blinde, der Lahme und der Kranke begeht kein Verbrechen, so er zu Hause bleibt; wer Gott und seinem Gesandten gehorcht, den führt er in Gärten, welche Wasserbäche durchströmen. Wer sich aber abwendet von seinen Geboten, dem wird er peinvolle Strafe auferlegen.

Gott hatte Wohlgefallen an den Gläubigen, als sie dir unter dem Baume Treue gelobten; denn er kannte die Gedanken ihres Herzens, und darum liess er sichere Ruhe auf sie herab und belohnte sie mit einem nahen Siege, und mit grosser Beute, die sie machten; denn Gott ist allmächtig und allweise.

Gott hatte euch versprochen, dass ihr noch reiche Beute machen werdet, und er hat sie euch eilens gegeben und hat die Hände der Menschen von euch zurückgehalten, auf dass dies ein Zeichen für die Gläubigen sei, dass er euch leite auf den richtigen Weg.

Auch noch andere Beute ist euch versprochen, die ihr noch nicht machen konntet, die aber Gott für euch bereit hält, denn Gott ist aller Dinge mächtig.

Diese langen Auszüge aus dem Koran sollen zeigen, dass die Moschee wirklich ein offenes Buch ist. Nicht immer hat man den Textinschriften einen so grosszügigen Platz eingeräumt, und vor allem in den frühesten Zeiten des islamischen Sakralbaus findet man

Seite 131
Ein überwölbter Durchgang vom Westliwan, dessen Nordwand hier sichtbar wird, zum Hof der Medrese, die sich im Rücken des Beobachters befindet. Die Symmetrie ist hier raffiniert durch die unterschiedliche Zuordnung von Paneelen und Schmucknischen durchbrochen, die mit farbiger Fliesenkeramik verkleidet sind.

Seite 133
Oben, der grosse Südliwan, durch den man in das Allerheiligste der Königsmoschee gelangt. Den Mittelpunkt des Liwangewölbes bildet ein halbes Zwanzigeck, das an beiden Seiten von Trompen gestützt wird. — Links unten erscheint im Teleobjektiv die westliche der beiden Trompen als Spitzbogen. — Rechts unten wurde dasselbe Element genau aus der vertikalen Mitte von unten photographiert, so dass es einem Quadrat gleicht. Die Gewölbegeometrie der persischen Architektur ist streng durchgearbeitet; zieht man die Rundlinien der Bogen auf ebene Flächen aus, so ergeben sich stets ungebrochene Geraden.

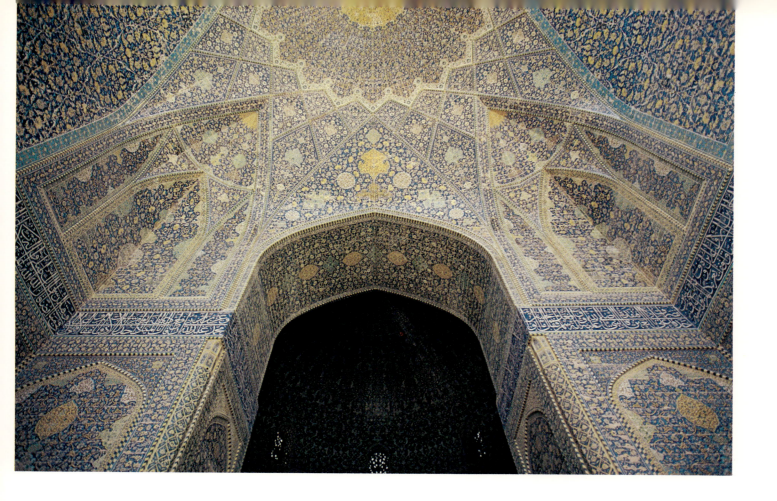

lediglich knapp gehaltene, bündige Aussagen, die eher Schlagworten gleichen. So sind uns aus der Seldschukenzeit am Fusse des Westliwans der Freitagsmoschee zwei, in die Torgewände eingesetzte Zitate erhalten; das eine lautet: „Es gibt keinen andern Gott als Gott, den Herrscher, den Wahrhaftigen, den Sehenden", das andere, ebenfalls in klassischen kufischen Lettern ausgeführt: „Mohammed, der Prophet Gottes, der Wahrhaftige, der Treue".

Die Ornamentik dieses Westliwans wurde gegen Ende der Safawidenherrschaft im Jahre 1700 unter Schah Sultan Husain restauriert; und hier befindet sich das grosse Leitmotiv des schiitischen Iran: „Ich bin die Stadt des Wissens, und Ali ist ihr Tor". Dieser symbolträchtige Spruch sollte die Moschee selbst zu einer solchen „Stadt des Wissens" werden lassen, womit wir wieder auf unser Ausgangsthema, die Architektur in der Stadtplanung, zurückkommen.

Durch die ornamentale Rolle der Schrift, durch die Texte und Inschriften als Überbringer der islamitischen Botschaft, vor allem des Korans und der Hadithe, wird das gesamte Gebäude im wahrsten Sinne des Wortes zum „Wort Gottes", wie A. U. Pope erwähnt.

Querschnitt des Südliwans und der doppelschaligen Hauptkuppel der Königsmoschee
Masstab 1:250

1 *Südliwan*
2 *Minarett*
3 *Gebetshalle*
4 *Nach aussen geöffnete Bogenfächer*
5 *Trompen*
6 *Kuppelgewölbe*
7 *Hölzernes Stützwerk zwischen den beiden Kuppelschalen*
8 *Aussenkuppel*
9 *Kupferne Turmspitze*
10 *Mihrab*

Kapitel V
Struktur und Dekor

Seite 136
Scheitelansicht des grossen Kuppelraumes der Königsmoschee, vor der Nische des Mihrab aufgenommen. Den Übergang vom viereckigen Hallenraum zum Kuppelgewölbe bilden vier unprofilierte Trompen, von denen die beiden südlich gelegenen links und rechts auf halber Höhe des Bildes zu erkennen sind. Ganz oben im Bild sieht man links und rechts grosse Seitenöffnungen und acht, sowohl diagonal wie gerade über dem Achsenkreuz angelegte Fenster, deren Gitterwerk mit Fayence verkleidet ist. Dieser grossartige Kuppelraum besitzt eine doppelschalige Decke, denn die Aussenkuppel ist 50 m hoch, das Innengewölbe jedoch nur 40 m. Zwischen den beiden ineinander gespannten Kuppelschalen liegt ein 10 m hoher Blendraum, in den hölzerne Stützen eingebaut sind.

Die Beziehung der Ornamentik zur Architektur

Wir möchten hier noch genauer die Beziehung zwischen Struktur und Ornamentik in der persischen Architektur untersuchen und feststellen, ob der Dekor Teil des Bauwerkes selbst oder ein zusätzlich aufgetragenes Schmuckelement bildet, ob er Sinn und Wesen der Architektur noch verdeutlicht oder mit ihr in Konflikt gerät. Es geht also darum, ob das Bauwerk und seine mit farbiger Fayence verkleideten Flächen sich gegenseitig soweit integrieren, dass sie ein organisches Ganzes bilden.

In der Seldschukenzeit fiel der Ornamentik (s. das Detail am Minarett des Ali, S. 17 und 45) lediglich die Aufgabe zu, durch das Spiel von Licht und Schatten rhythmische Effekte zu schaffen, so dass der Backstein als Bauelement noch voll in Erscheinung trat. Gleichzeitig erreichte die Ornamentik dadurch jedoch eine hohe plastische Ausdruckskraft, denn der Wechsel zwischen intensiv durchgeformten Schmuckflächen und weitläufigeren geometrischen Mustern bewirkte eine ständig neuartige Belebung der grossen Strukturflächen. So wird am Beispiel des Minarettschaftes des Ali, der an sich eine gleichbleibend konische Form besitzt, klar ersichtlich, wie die konzentriert geformten Schmuckmotive im oberen und unteren Teil des ersten Abschnittes mit dem gelösteren Muster in der Zwischenpartie ein dynamisches Widerspiel zwischen Schwellung, Verengung und Ausdehnung hervorrufen.

Dieser schlichte Ornamentalstil brachte jedoch erst im Zellenwerk, das die Innenflächen des Westliwans der Freitagsmoschee schmückt, die ästhetische Sprache der Seldschukenkunst dadurch voll zur Geltung, dass die einzelnen Naturziegel einige verhaltene Farbzusätze erhielten. Obwohl die Ornamentik dieses Liwans im Jahre 1700 unter Schah Sultan Husain, also gegen Ende der Safawiden-Dynastie, vollkommen restauriert worden ist, entspricht ihr Zustand gewiss zuverlässig der Originalarbeit des 12. Jh. (s. S. 32). Und an diesem Beispiel wird deutlich, dass die Ornamentik keineswegs dem komplizierten Zellenwerk, das bereits auf das spätere Stalaktitensystem hindeutet, zusätzlich aufgetragen ist, sondern die Gratlinien und Rippenkonstruktion der ganzen Struktur zart betont und hervorhebt. Die grünen Monogrammvierecke dieses Zellenwerkes fügen sich in eine von schwarz glasierten Ziegeln akzentuierte Schmuckgeometrie so ein, dass die spärlich verwendeten Fayence-Elemente die eigentliche Formsprache des Liwans unterstützen und seine Struktur straffen; die Härte der Linien wird zwar von den kraftvollen Licht- und Schattengegensätzen noch unterstrichen, aber es ist eine visuell homogene Komposition entstanden, in der jedes Teil der Fläche mitvibriert.

Zur Mongolenzeit hingegen bediente man sich anderer Ausdrucksmittel. So besitzt die auf 1377 datierte Ornamentik des Südliwans der Medrese neben der Freitagsmoschee nicht mehr dieselbe Einheitlichkeit, da ihr mehrere Techniken zugrunde liegen. Der pointillistische Stil, von den Seldschuken übernommen, wurde hier nämlich mit weissen kufischen Schriftzeichen auf blauem Grund angereichert, die in viereckigen Medaillons jeweils ein gesondertes Schmuckelement bilden, sowie von blüten- und palmblattartigen Verzierungen, Girlanden, Sternen und geometrischen Motiven (s.S. 40). Die Verwendung unterschiedlicher Schrifttypen trägt zur Unterbrechung der stilistischen Einheit ebenfalls bei, denn man begnügte sich nicht mehr mit einer starken Stilisierung der kufischen Zeichen, sondern führte z.B. die Schriftbänder des Mihrab in der Tsuluts-Schrift aus, der weite, voll ausgerundete, elegante Grundstriche zu eigen sind, sowie Auf- und Abstriche von aussergewöhnlicher Geschmeidigkeit. Somit spielte das Ornament allmählich eine wichtigere Rolle als die Baustruktur; die einzelnen Zellen des Stalaktitenwerkes verloren an Tiefe, während die Farben des Mihrabmosaiks an Kraft und Intensität gewannen.

Zur Zeit des Timuriden-Dynastie im 15. Jh. tritt das Missverhältnis zwischen Struktur und Dekor noch deutlicher in Erscheinung, weil das Fayencemosaik nunmehr eine überragende Rolle spielt. Es tritt über die Grenzen des begleitenden Schmuckwerkes architektonischer Formen hinaus und, statt diese lediglich diskret zu unterstreichen, drängt es sich als wichtigstes Element der Gesamtkonzeption in den Vordergrund. Doch bedeutet dieser Umstand nicht unbedingt, dass die polychrome Ornamentik dadurch in Widerspruch, Streit oder Antagonismus mit der Struktur des Bauwerks stehen müsste.

Besonders im Südliwan der Freitagsmoschee (s. S. 35) zeigt sich der neue Ornamentalstil in seiner ganzen Grossartigkeit. Während nämlich im Zellenwerk der Nische noch einmal der asketische Stil des Westliwans vorherrscht, verwirklicht sich im Dekor der Liwanumrahmung, obwohl mehrfach restauriert und umgearbeitet, das Ideal der Bauornamentik zur Timuridenzeit. Dabei verliert der Ziegel seine Stellung als Grundelement der persischen Architektur und wird völlig von farbiger Fayenceverkleidung überdeckt; das Mosaik entzieht den Backstein wie etwas Störendes dem Blick und verweist ihn auf den Platz eines Baumaterials, mit dem man gerade noch das Gerippe für die einzelnen Organe herstellen kann.

Obwohl die Schrift- und Schmuckbänder der Linie des Kopfbogens folgen und die Liwanfassade umrahmen, als wollten sie die volle Kraft der Form hervorheben und jeglichen Widerspruch zu ihr vermeiden, erreicht die Ornamentalkunst doch gerade in diesen dreieckigen Bogenfeldern ihre höchste Pracht und lässt den Mosaikschmuck an den glatten Flächen zu beiden Seiten des Liwanbogens in seinem ganzen Reichtum erstrahlen. Diese architektonisch schwache, neutrale Stelle des Liwans wird also noch durch verschwenderische Farben und Blüten betont, so als wollte die Ornamentik hier eine organische Schwäche ausgleichen. Dennoch hat sie sich der Architektur angepasst, denn gleich einem prachtvollen Wandteppich oder einer Miniaturmalerei aus einem Manuskript von Herat übernehmen die Schmuckmotive auf der erwähnten Fläche keinerlei richtungsweisende oder -gebundene Rolle, sondern füllen sie, ihrem statischen Charakter entsprechend, einfach aus.

In derselben Liwanumrahmung fällt noch ein interessantes Detail auf, nämlich eine Reihe leicht angedeuteter Lanzettbögen, welche die Hofarkaden nachahmen und in der persischen

Ornamentik besonders gern verwendet wurden. Dieses Motiv tritt in zahlreichen Liwanen und Heiligtümern auf (s.S. 29, 104, 121, 131, 141) und verleiht dem Liwan eine gewisse Höhe, ohne jedoch im geringsten seiner wirklichen Struktur Rechnung zu tragen, auch wenn es ursprünglich als Stützpfeiler der Liwan-Halbkuppel fungiert haben mag. Hinter diesen Lanzettbögen verbirgt sich eindeutig eine Symbolik, da sie wie die Betteppiche auch einen Mihrabbogen, ein offenes Tor zur Kaaba, das Gebet, das Jenseits suggerieren.

Andererseits unterstreicht die Ornamentik bisweilen das Formgefüge, ohne die eigentliche Struktur des Baukörpers zu verdeutlichen. Dies gilt vor allem für die Fassaden der Hofarkaden, denn dort bilden Fayencebänder mit Pflanzenmotiven oft eine rechteckige Umrahmung für die einzelnen Bögen und ihre Nischen. Diese Technik ist seit der Timuridenzeit sowohl in der Freitagsmoschee (s. S. 43) vertreten, wie zur Safawidenzeit in der Königsmoschee (s. S. 98, 113, 128), als auch in der Medrese von Schah Sultan Husain (s. S. 155).

In allen Epochen der persischen Ornamentik weisen diese flachen Rahmenbänder an den Arkadennischen einen amorphen, letzlich funktionslosen Charakter auf, da die vertikalen Elemente, welche an die klassischen Pilaster erinnern, absolut derselben Ausführung unterliegen wie die horizontalen Elemente, die man als Sturz verstehen könnte. Die Ornamentik bringt also keineswegs die Kräfte des architektonischen Organismus zum Ausdruck, d.h. weder die Biegung des Sturzes, noch den Auftrieb der Pfosten. Die gesamte Schmuckarbeit zieht sich vielmehr völlig unbekümmert um die Nischen, als hätte man sie über die Fassaden ausgerollt; an den Treffpunkten von Horizontaler und Vertikaler verweigert dieser Dekor sogar jeglichen Vorrang der einen oder anderen Richtung, so dass man schwer entscheiden könnte, ob ein vertikal geführtes Schmuckband das horizontale durchschneidet oder umgekehrt (s. S. 128). Nichts suggeriert also die Schübe wie z.B. bei der gothischen Gewölberippe, oder deutet auf die Beanspruchung hin, wie sie sich im antiken Gebälk und Kapitell ausdrückt. Die persische Ornamentik leugnet geradezu den Eigencharakter des Materials und lässt die Struktur schwerelos, ja nahezu vergeistigt erscheinen.

Daher wird die Fayenceornamentik, die dem Gebäude wie eine Haut aufgetragen ist, zu einer Maske, hinter der sich das Bauwerk

Seite 141
Im Zentrum des Kuppelraumes der Königsmoschee befindet sich als Allerheiligstes die Mihrabnische. Rechts daneben das Mimbar, eine Marmortreppe als Kanzel, von der herab der Priester während des Freitags-Gottesdienstes seine Predigt hält.

den Gesetzen der Realität entzieht, seine Zugehörigkeit zu dieser Welt verbirgt. Die streng durchgeformte Komposition, die Klarheit der Gestaltung, die schneidende Brillanz der Gratlinien schliesslich suggerieren gemeinsam ein eher metallhartes Baumaterial; doch das Gerippe aus Backstein, das bisweilen in grosser Eile errichtet wurde, müsste ohne diese leuchtende, strahlend harte Fayenceverkleidung unbestimmt, konturlos und spannungslos erscheinen.

In den Fällen jedoch, da die Ornamentik tatsächlich das Baugefüge als solches herausstellen will, nimmt sie einen nominalistisch symbolischen und abstrakten Charakter an. Dies gilt z.B. für die Schriftbänder an den Kuppeltambouren, deren obersten Teil sie geradezu einzuschnüren scheinen (s. S. 145 und 180), so als wollten sie die Kuppel umklammern und dadurch zusammenhalten. An den oberen Teilen der Minarette, unterhalb der auf Stalaktiten gestützten Galerie für den Muezzin, fällt den Schriftbändern dieselbe Aufgabe zu (s. S. 81, 101, 153 und 185).

Die Rolle der Symmetrie

Im Zusammenhang mit der Städteplanung haben wir bereits auf die bewusste Asymmetrie hingewiesen, die zur Safawidenzeit die architektonische Konzeption der Moschee Scheich Lotfallah und der Königsmoschee in ihrem Verhältnis zum Meidan-i-Schah bestimmte. Die vom Eingangsportal jeweils nach rechts verschobene Hauptkuppel dieser Bauwerke hat die Reisenden aus dem Abendland mehr als einmal irritiert. So erklärt Adrien Dupré nach seiner von 1807 bis 1809 durchgeführten Reise durch Persien („Voyage en Perse") in vollem Brustton der Überzeugung folgendes zu der von Schah Abbas erbauten Königsmoschee: „Das Hauptgebäude der Moschee liegt keineswegs in einer Linie mit dem Eingangsportal, sondern ist stark nach rechts verrückt worden. Die mit bunten Farben bemalte Kuppel stört das Auge durch ihre massige Gewalt, während die linke Seite völlig bloss daliegt. Dieser architektonische Mangel erklärt sich angeblich daraus, dass die Musulmanen das Heiligtum ihrer Tempel stets auf Mekka ausrichten müssen. Wir möchten besagten Mangel jedoch hauptsächlich einer grundlegenden Unerfahrenheit zuschreiben, denn schliesslich

Seite 143
Ein farbiges Backsteinornament am Fuss eines der beiden Minarette, die den Südliwan der Königsmoschee flankieren. Hier ist die Beziehung zwischen schlichtem Schmuckmotiv auf farbigen Ziegelschichten und Monogramm für Allah, Ali und Mohammed streng durchgeformt. Die Randmonogramme enthalten schiitische Glaubensformeln.

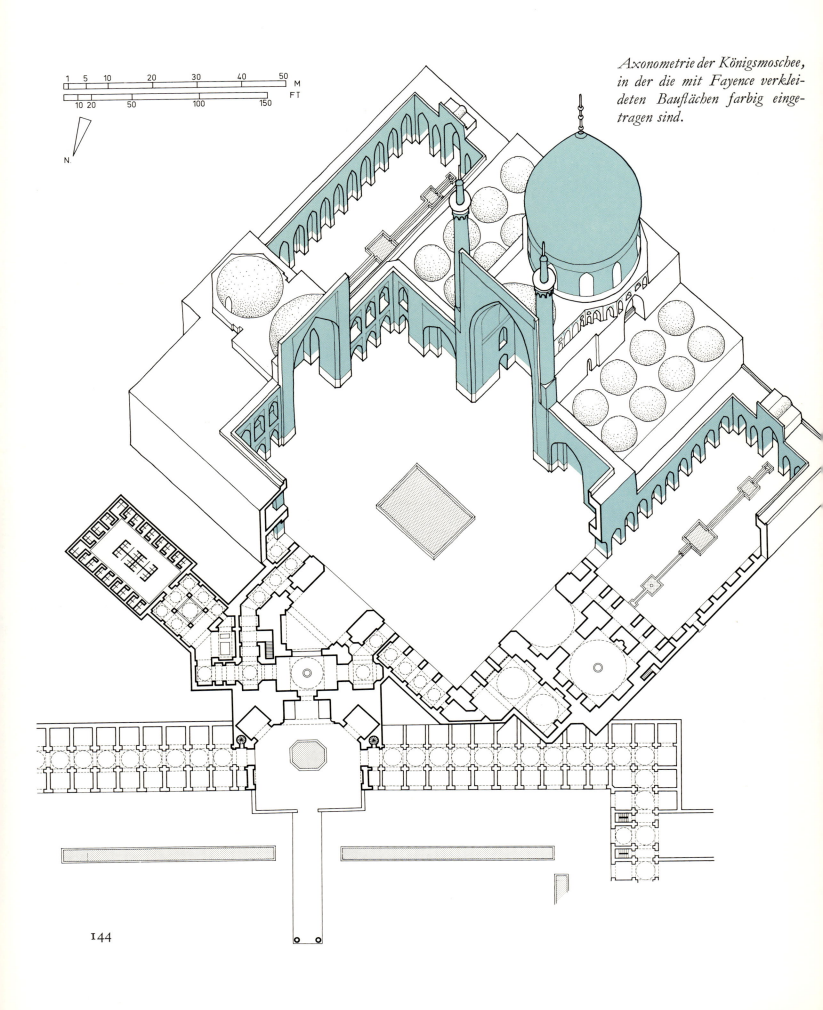

Axonometrie der Königsmoschee, in der die mit Fayence verkleideten Bauflächen farbig eingetragen sind.

hätte es genügt, den Meidan selbst in einer anderen Richtung anzulegen (s.S. 90), um dem anliegenden Gebäude grössere Vollkommenheit zu gewährleisten."

Das Unverständnis der Europäer zu Beginn des 19. Jh. für die plastische Kunst Persiens unter Schah Abbas war stark, vermochten sie doch in der Vermeidung von Monumentalität und Symmetrie bei den Moscheen der Safawiden lediglich einen Fehler zu erkennen. Wir möchten jedoch an dieser Stelle den Versuch unternehmen, die tatsächlichen Gesetze der persischen Architektur im 17. Jh. genauer zu erfassen.

Wie jeder andere Baukünstler erstrebte auch der iranische jene höchste Symmetrie, um die wir dank der natürlichen Ordnung unseres Körpers wissen. Diese Symmetrie könnte nicht deutlicher ausgedrückt sein als in der absoluten Achsenbezogenheit, die man bei der Betrachtung der Liwane entdeckt (s.S. 113), oder in der Zuordnung von Schmuckflächen aus Mosaik und „kashi" (s. S. 37, 57, 125 und 168). Zugleich ist der Perser aber auch der Abwechslung, der Belebung, der Rhythmik gegenüber aufgeschlossen, auch wenn es sich dabei eher um Ausnahmen handelt. Eine solche Ausnahme bildet das Detail im Stalaktitenwerk des Eingangsliwans der Königsmoschee (s. S. 96). Hier setzt sich die Ornamentik innerhalb eines streng symmetrischen Strukturrahmens aus Motiven zusammen, die zu beiden Seiten der Hauptachse aus der Verdoppelung und Gleitspiegelung von Mustern entstehen, welche sich auf den ersten Blick völlig zu decken scheinen. Bei genauerem Hinsehen muss man jedoch feststellen, dass jede Dreieckszelle und jeder der abschliessenden Sterne einzigartig, vom anderen total verschieden ist; erst aus einer gewissen Entfernung verschmelzen diese „ungleichen Paare" also zu harmonischer Entsprechung zusammen.

Dieses Bemühen um Varianten, um eine Vermeidung von Wiederholungen gleichförmiger Schmuckelemente, ist charakteristisch für die persische Architektur schlechthin. Schon zur Seldschukenzeit unterlag die Ausführung der kleinen Kuppelgewölbe über den südlichen und nördlichen Säulenhallen der Freitagsmoschee diesem Gesetz. Der riesige Bau zählt über vierhundert gleichgrosse Gewölbe, von denen jedoch keines einem zweiten völlig gleichen dürfte. Die Baukünstler scheinen sich gegenseitig übertroffen zu haben, um die Möglichkeiten des Backsteingewölbes bis ins letzte auszuschöpfen, so dass sie in dieser Moschee von Isfahan

Seite 145
Die Hauptkuppel über der grossen Gebetshalle der Königsmoschee, ein unübertroffenes Meisterwerk der Baukunst aus der Safawidenzeit. Diese äussere der beiden Kuppelschalen erreicht an der kupfernen Spitze eine Höhe von 54 m. Durch ein breites Schriftband wird der Übergang zum Tambour geschaffen, der einen Durchmesser von gut 24 m umspannt und sich in Gitterfenster und grosse Paneele mit kufischen Schriftzeichen unterteilt. Diese gewaltige, ausladende Backsteinkuppel mit dem üppigen, in der Sonne hell aufleuchtenden Fayencedekor von Laub- und Rankenwerk ist das höchste Vermächtnis des Architekten Ustad (Meister) Ali Akbar Isfahani.

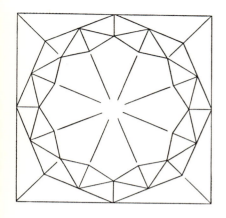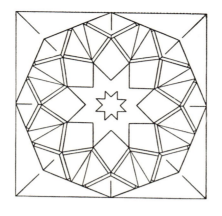
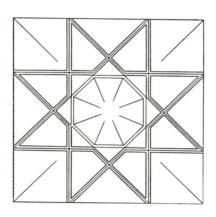

Schematische Darstellung einiger in Backstein ausgeführter Gewölbestrukturen, wie man sie in den Säulenhallen der Freitagsmoschee findet.

ihren ganzen Erfindungsreichtum in einem vollständigen Typenregister des Trompen-, Zellen-, Netz- und Rundfenstergewölbes dargestellt haben.

Eine ähnliche Beobachtung kann man im Hof der Königsmoschee machen. Obwohl dieser auf den ersten Blick völlig symmetrisch auf die Durchdringungsachse bezogen erscheint, widersprechen diesem Eindruck die vier, nicht miteinander übereinstimmenden Liwane. So ist der Westliwan in der Tat niedriger als der Ostliwan, und ihre Gewölbe unterscheiden sich insofern voneinander, als sich das eine auf ein halbes Achteck bezieht, das andere auf ein halbes Zehneck; allein diese beiden verschiedenen Konzepte haben zu höchst interessanten Varianten des gesamten Ornamentalbildes geführt.

So entsteht der Eindruck, dass die Symmetrik der persischen Architektur von einer gewissen Asymmetrik durchbrochen wird oder umgekehrt, je nach dem optischen Masstab. Und darin möchten wir eine bewusste Unterordnung unter die Gesetze der Natur erkennen; denn schliesslich bildet auch der menschliche Körper zwar ein symmetrisches Ganzes, doch liegt das Herz in der linken,

die Leber in der rechten Körperhälfte, usw. Die eigentliche Bauform des Eingangsportals zur Königsmoschee ist also rein symmetrisch, doch fügt sich dieses Portal in den gesamten Baukomplex so ein, dass eine Asymmetrie entsteht. Aus einem verkleinerten Masstab der Betrachtung entdeckt man jedoch wiederum, dass sich die Ornamentik dieses völlig symmetrischen Portals aus asymmetrischen Schmuckmotiven zusammensetzt.

Standort und Masstab der Betrachtung

Bezieht man unterschiedliche Standorte der Betrachtung, so macht man zahlreiche Entdeckungen. Im Hofe der Königsmoschee z.B. glaubt man sich zunächst von einem Fayencedekor umgeben, in dem die Farbe eines ins Grün tendierenden Türkis vorherrscht; sobald man sich jedoch der Verkleidung aus farbigen „kashi" nähert, stellt man fest, dass die unter der Pflanzen- und Blütenornamentik liegende Grundfarbe ein tiefes Kobaltblau ist (s. S. 125). Erst aus einer gewissen Entfernung betrachtet erzeugt das Zusammenspiel vom Gelb der Blüten und dem pistazienfarbenen Laubwerk mit dem blauen Untergrund den Hauptton Grün. Dieser Effekt erinnert an die Technik der Pointillisten, die durch das Mischen mehrerer Grundfarben dasselbe Resultat in der Malerei erzielten. Im Verlauf eines Tages wechselt übrigens der vorherrschende Farbton im Moscheenhof; zu früher Morgenstunde, wenn die Sonne gerade über dem Horizont steht, tendiert er zu einem warmen, intensiveren Gelb (s. S. 113) als um die Mittagszeit. Auch trägt die Orientierung der Fassaden zum Spiel der Farbeffekte insofern bei, als z.B. die Nordfassade, die vom Licht nur gestreift wird (s. S. 99), im Gegensatz zur Südfassade stets in der blauen Dominante verharrt.

Durch die Veränderung von Standort und Masstab ergeben sich immer wieder neue optische Effekte, wie z.B. im Hof der Königsmoschee. Dem Bauwerk als Ganzem wohnt eine majestätische, eindeutige, grosszügige Kraft inne, die einzelnen Linien der Volumina sind rein und hart, die Gestaltung bleibt klar und bewusst; betrachtet man die Ornamentik jedoch im Detail, verrät diese eine Zartheit, ja Geziertheit, die im Vergleich zum virilen Charakter der Raumspannung geradezu verweichlicht wirken mag. Die feinen Girlanden,

Seite 148
Die Kunst der Farbkeramik ist im Iran nicht verlorengegangen. Da man seit fast einem halben Jahrhundert wichtige Restaurierungsarbeiten in der ehemaligen Hauptstadt durchführt, ist das alte Handwerk in zahlreichen Ateliers wieder aufgelebt, wo das Zeichnen und Ausmalen von Pflanzenmotiven auf Fliesen und die Ausführung blaugrundiger Schriftpaneele gepflegt werden. Auch eine farbenfreudige Miniaturmalerei findet in dieser Technik, dem Erbe der grossartigen Baukunst in Isfahan, eine neue Ausdrucksform.

Ranken und Blütenbänder möchte man fast als „hübsch" bezeichnen, während sich dem Betrachter des Bauwerks in seiner Gesamtheit nur der Gedanke von höchster „Schönheit" aufdrängen kann. Wie in der Wissenschaft bestimmt also der Standort der Beobachtung Eindruck und Urteil des Betrachtenden.

Von der Trompe zum Stalaktiten- und Rautenwerk

In fast allen Kulturen und Kunstepochen durchläuft die Entwicklung vom Primat der Struktur zum Vorherrschen der Ornamentik dieselben typischen Stufen, die sich in der persischen Architektur besonders deutlich am Kuppel- und Liwangewölbe ablesen lassen. So hat man z.B. in der Gunbad-i-Khaki, der Nordkuppel der Freitagsmoschee, die aus dem Jahre 1088 stammt, den bautechnischen Übergang vom viereckigen Grundriss zum Kuppelrund dadurch geschaffen, dass man wie fast überall im Iran die Trompe zur Abstützung der Kuppel einsetzte und nicht wie im römischen, byzantinischen oder osmanischen Bereich den Kuppelzwickel. Diese Lösung sollte weitreichende Folgen in der plastischen Auswertung des Raumes zeitigen und der Ornamentik der Hohlflächen eine ganz bestimmte Richtung weisen.

Schon die ältesten, uns bekannten Beispiele in Isfahan, vor allem das südliche und nördliche Kuppelgewölbe der Freitagsmoschee, verraten eine gewisse bautechnische Kompliziertheit; die eigentliche Trompen-Nische aus naturfarbenem Backstein ist in mehrere Fächer unterteilt, vereint jedoch unter ihrem Bogen sowohl sphärische Dreiecke als auch Kielwölbungen. Hier kündet sich der Beginn des Zellenwerkes an, das im Laufe des 12. Jh. im Westliwan der Freitagsmoschee zu grossartiger Vollendung gelangen sollte.

Wie bereits an früherer Stelle erwähnt, führte im 13. und 14. Jh. die Verengung der einzelnen, dreieckigen Schalen gleichenden Zellen in den Liwangewölben zum Stalaktitenwerk, wie man es in der 1366 errichteten Medrese der Freitagsmoschee beobachten kann. Die Ausführung der Eingangsportale zur Moschee Scheich Lotfallah und zur Königsmoschee hat diese Entwicklung während der Safawidenzeit noch bestärkt.

*Die Trompe in einer Kuppel-
halle seldschukischen Stils
   Masstab ca. 1:40*
A Ausgeflachter Grundriss
B Sichtöffnung
C Hohlschnitt
D Gesamtaufriss

A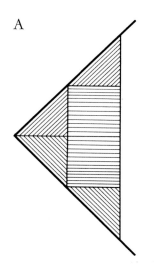

B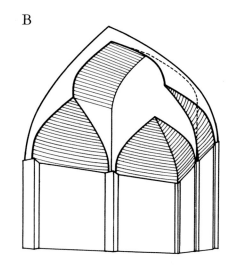

C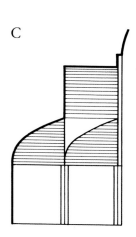

D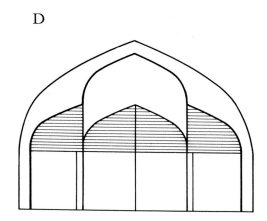

So erhielten die Zellen immer kleinere Formen, bis sich eine höchst komplexe Struktur des Wabenmusters ergab. Aus der Vervielfältigung desselben Formelements der Trompe in den Hohlwölbungen des Liwans entstand schliesslich eine Unzahl kleiner, hohler Dreiecke, die sich schachbrettartig übereinander reihten; die einzelnen Zellen wurden dabei von überhängenden Graten und einer Art ins Leere vorkragenden Hängezapfen voneinander getrennt.

Diese vorkragenden und zurückgezogenen Schmuckformen versetzen das ganze Gewölbe in eine leichte Vibration, die seit der Safawidenzeit noch durch die leuchtenden Fayencemosaiken intensiviert wurde. Die im Halbdunkel liegenden Nischenflächen der Portale schillern und glänzen so stark, dass es dem menschlichen Auge schwerfällt, Masstab und Krümmungswinkel der

Schmuckvolumina genau abzuschätzen. Die Unterbrechung der Linien enthebt das Gewölbe seiner Stofflichkeit und irdischen Bezogenheit, und die Wabenzellen verleihen den riesigen Portalnischen eine optische Leichtigkeit, so dass sich die Baumasse unter dem vibrierenden Licht im Raume aufzulösen und in der Schwebe zu verweilen scheint.

Es handelt sich hier um die ganz bewusste Absicht, mit Hilfe der Fayenceverkleidung das Licht auf das tiefe Lapislazuli, Ultramarin und Kobaltblau der Gewölbegrate und Hohlflächen des Stalaktitenwerkes so zu lenken, dass die gesamte Masse des Baukörpers in Vibration gerät. In den sphärisch ausgebuchteten Mauerteilen des Kuppelgewölbes hingegen vereinen sich Hellgrün und ein leuchtendes Beige mit einer nüchternen, klaren und zugleich fliessenden Flächengestaltung.

Ein weiterer Unterschied besteht in den Schmuckmotiven von Liwan und Kuppelgewölbe. Während im ersten Falle winzig kleine Elemente die Ornamentik der Liwan-Stalaktiten komponieren, ziehen sich bei den Kuppeln zu grosszügigen Arabesken geordnete, symmetrische Blätter- und Blütenspiralen über die Gewölbeleibungen, wodurch sie diesen Flächen den Effekt einer Drehung und Rundung verleihen. Die Ornamentik der Kuppelgewölbe überfliesst sozusagen die Flächen in einer ununterbrochenen, geschmeidigen Bewegung und passt sich harmonisch den konvexen Formen zu, auf denen sie voll erblüht.

Im Vergleich zu den Liwanen der Eingangsportale besitzen die Hofliwane der Safawiden-Moscheen ebenfalls ihre eigene Formsprache, was am Beispiel der Königsmoschee besonders deutlich wird. Da der Liwan des Eingangsportals nicht dieselbe Funktion besitzt wie die vier Liwane im Kreuz des Moscheenhofes, ist ihre plastische Gestaltung dementsprechend anders. So findet man im Westliwan der Freitagsmoschee ein gross angelegtes Zellenwerk vor und im selben Liwan der Königsmoschee ein Netz dreieckiger, nur vorsichtig markierter Rauten (s. S. 133). Die schwach artikulierten Winkel der glänzenden „kashi"-Dreiecke erwecken den Eindruck eines von innen betrachteten, riesigen Diamanten mit unzähligen Schliffflächen.

Wie beim Stalaktitenwerk ging es den Baukünstlern auch hier darum, das Licht in tausend kleinen Partikeln an der konkaven Fläche aufleuchten zu lassen, ohne jedoch die architektonische

Seite 153
Gegen Ende der Safawiden-Dynastie schuf Schah Sultan Husain neben der Prachtallee Tschahar Bagh in Isfahan einen grossen Baukomplex von zweieinhalb Hektar Ausmass. Dazu gehörten eine Medrese, eine Karawanserei und ein Basar. Die Medrese wurde zwischen 1706 und 1714 erbaut und heisst auch Medrese der Königsmutter; ihr angeschlossen ist eine herrliche Moschee mit grüner Kuppel, die bis zur Kupferspitze 37 m Höhe erreicht. Acht Jahre später sollten die Angriffe der Afghanen die Dynastie in ihren Grundfesten erschüttern.

Kraft des Liwans brechen zu wollen, wie dies durch den Einsatz von Wabenzellen an den Eingangsportalen der wichtigsten Moscheen der Fall ist.

Die grossen Liwane der Königsmoschee sind sprechendes Beispiel für die Virtuosität der persischen Baukünstler. So sind die Liwanwölbungen streng geometrisch auf Halbachtecke, Halbzehnecke oder halbe Polygone eines Zwanzigecks ausgerichtet und verraten eine Tendenz zu struktureler Kompliziertheit, die von dem Raffinement der Ornamentik noch unterstrichen wird. Das Grundmotiv der Raute, das in der Übergangszone vom viereckigen Grundriss zur Kreisfläche und schliesslich zum Liwangewölbe eingesetzt wird, weist optisch eine starke Ähnlichkeit mit den türkischen Dreiecken in den Bauten Anatoliens auf. Auch bezüglich der Stalaktiten besteht eine solche Relation, da diese eine wichtige Rolle in der türkischen Architektur der Rumseldschuken und Osmanen gespielt haben.

Im Gegensatz zu diesem geometrisch überaus verfeinerten Dekor weist das Innere der Kuppelgewölbe zur Zeit Schah Abbas' eine Ornamentik von erstaunlicher Schlichtheit und Verhaltenheit auf.

In der Moschee Scheich Lotfallah und der Königsmoschee mit ihren grossen Muschelflächen, die von farbig leuchtenden Haftrandschi-Fliesen mit Pflanzenornamentik ausgelegt sind, bilden die unprofilierten Trompen den Höhepunkt einer grossartigen Nüchternheit.

Auf diesem Gebiet besteht jedoch zwischen persischer und türkischer Baukunst und ihren technischen Lösungen ein grundlegender Unterschied. Während man bei den einzelnen islamischen Kulturepochen im Iran eine stete Verwendung der Trompe beobachten kann, tritt durch alle Epochen in Anatolien regelmässig der Eckzwickel auf, um wie die Trompe den Übergang vom rechteckigen Grundriss zur runden Kuppel zu schaffen. Dabei haben die osmanischen Baumeister das Beispiel der Byzantiner (die Hagia Sofia) befolgt, die sich ihrerseits auf die Römer beriefen. Da sich die Römer aber in Persien nicht halten konnten, hat auch ihre Kultur nie ernsthaft die Tradition der Völker auf den iranischen Hochebenen beeinflusst, deren künstlerische Unabhängigkeit auf die Zeit der Sassaniden und letztlich sogar auf die Feuertempel der Parther zurückgeht.

Seite 155
Den Hof der Medrese von Schah Sultan Husain umläuft eine doppelte Arkadenreihe. Ein in bemaltem Stuckrelief gearbeitetes Netz aus stalaktitähnlichen Formen schmückt die einzelnen Arkaden, in deren Rückwand sich jeweils eine Zelle für Lehrer und Schüler der Koranschule befindet. Die etwas nüchterne Fayenceornamentik strahlt dennoch durch ihr Spiegelbild im Wasserbecken vor dem Nordliwan echten Zauber aus. Ganz links im Bild erkennt man eine der vier schrägen Mauerflächen, welche die geraden Winkel des Hofvierecks (Königsmoschee, S. 123) zwischen den Arkadenreihen überspielen.

156

Die Stilentwicklung gegen Ende der Safawiden-Dynastie

Seit es der persischen Baukunst unter Schah Abbas gelang, formale Nüchternheit und ornamentale Pracht in einer fast klassischen Formel zu kombinieren, haben sich Architektur und Ornamentik absolut parallel zueinander entwickelt. Hier gilt das unfehlbare Prinzip, dass einer frühen Epoche, in welcher die Struktur vorherrscht, — in diesem Zusammenhang also während der Seldschukenzeit, — eine klassische Periode folgt, die, in unserem Falle vom 15. bis Anfang des 17. Jh., das Gleichgewicht zwischen Funktion und Dekor herstellt, bis schliesslich die Ornamentik in barocker Fülle die Architektur völlig überspielt. Dies führt endlich dazu, dass die ehemals logischen, traditionellen Strukturlösungen ihren eigentlichen Sinn verlieren und in reinen Manierismus münden. Ein solches Phänomen trat gegen Ende der Safawidenepoche unter Schah Sultan Husain auf, doch sollte man deswegen Werke aus dieser Zeit nicht als uninteressant oder künstlerisch wertlos abtun. Wir möchten vielmehr behaupten, dass gerade die Medrese der Königsmutter die vielleicht faszinierenste Schöpfung der gesamten Kunst und Architektur in Persien darstellt.

Diese bemerkenswerte Schlussphase der Safawidenzeit möchten wir an folgendem Beispiel erläutern: der grosse Liwan, durch den man jeweils in das Heiligtum einer Moschee gelangt, weist in der Königsmoschee einen völlig andersartigen Dekorstil auf (s. S. 133) als in der unter Schah Sultan Husain erbauten Medrese (s. S. 177). Die Königsmoschee von Schah Abbas zeichnet sich durch eine grosszügige, klare Strukturierung aus, die lediglich von vorsichtig angedeuteten Rauten in geometrischem Masswerk und streng durchgeformten Ecktrompen bereichert wird. In der Medrese der Königsmutter hingegen finden wir eine wesentlich komplexere Lösung der plastischen Ornamentik, denn hier sind die Ecktrompen nicht mehr unprofiliert, sondern in ein stark ausgeprägtes Stalaktitenrelief übertragen, während die Seitenflächen des Liwans auch Nischen enthalten, deren Gewölbe ebenfalls mit kräftigen Stalaktiten verkleidet sind. Schliesslich gesellt sich in dieser Medrese zum reinen Pflanzenornament, wie wir es in der Königsmoschee finden, noch ein weiteres Schmuckelement, das sich einerseits aus farbigen „kashi" mit Laubwerk und Blütengirlanden, andererseits aus Mosaikarbeiten mit geometrischen Motiven in ausschliesslich

Seite 156
Detail vom Eingangsportal der Medrese von Schah Sultan Husain. Das dreifache Flechtband aus türkisfarbener Fayence am linken Pfeiler, von dem hier der untere Teil zu sehen ist, liegt zwischen einem grossen Vasenpaneel und einem Band mit Sechseckmuster, in das kleine Blüten und Texte eingefügt sind. Dieser späte, in Mosaik ausgeführte Ornamentalstil zeichnet sich durch eine gewisse Strenge und gesuchte Künstlerei aus, wodurch er mit dem kraftvollen Torus kontrastiert, der einer auf diesem Bild nicht mehr sichtbaren Alabastervase entspringt.

polygonalen, nicht aber runden Formen zusammensetzt. Diese geometrische Ornamentik tritt lediglich an solchen Stellen des Liwans auf, wo Stalaktiten angesetzt wurden; sie bleiben somit von der übrigen Ornamentik mit Pflanzenmotiven isoliert und betonen also noch die eigentliche Funktion jener Stalaktitenzonen. Der strukturale Charakter der Stalaktiten wird umso bewusster von der Ornamentik herausgestellt, als er sich vom Standpunkt der Statik her kaum verteidigen lässt; die einzelnen Zellen sind in der Tat auf ein so kleines Format reduziert, dass ihnen jegliche Stützfunktion fehlen muss. Ihre Rolle ist hier lediglich auf den optischen Effekt ausgerichtet, nämlich die Bauform zu beleben und aufzulockern.

Dadurch wird ein Dialog zwischen den geraden Rautenflächen und dem fein gearbeiteten Fayencerelief des Stalaktitenwerkes geschaffen. Dieses befindet sich aber stets an den sogenannten kritischen Stellen des Bauwerks und vermag daher den massiven, monolithischen Aspekt des Liwans stark zu mildern. Während uns die Ornamentik im grossen Hofliwan der Königsmoschee den Eindruck eines fein geschliffenen Diamanten vermittelt, ist davon nichts mehr in der Medrese zu spüren, wo durch dieses Stalaktitenwerk regelrechte Schattenlöcher entstehen.

In einem früheren Werk, „Iran der Baukünstler", haben wir bereits jenes Bemühen um eine Auflockerung und Aufteilung der architektonischen Monumentalität untersucht und dürfen wie folgt zitieren: „Zu jeder Seite des Liwans befindet sich hier eine Art Apsis und darin wieder einige kleine Nischen, die ein fast barockes Raumerlebnis vermitteln. Dort wo die Königsmoschee glatte rechtwinklige und ruhige Flächen besitzt, zeigt die Medrese abgeschrägte Ecken, Einbuchtungen, die ihrerseits kleine Liwane in den grossen bilden. Kurz, jeder Raum unterteilt sich unendlich. Die Nischen enthalten so etwas wie ‚Querschiffe', die wiederum in ihren Winkeln mit Nischen ausgestattet sind, über denen sich unabhängige Decken wölben, die sich ihrerseits wieder in Stalaktiten, Netzwerk, Hängezwickel und Rauten aufgliedern..." (s. S. 166-167).

Aus einem weiteren Vergleich zwischen diesen beiden Bauwerken ergibt sich, dass in der Königsmoschee eine deutlich begrenzte Räumlichkeit vorherrscht, da die Fassaden des Moscheenhofes diesem eine streng rechteckige Form vorschreiben. In der Medrese hingegen öffnen sich seitliche Durchblicke, optische

Öffnungen und Überraschungen. Die in der Königsmoschee sauber und scharf ausgeformten Hofwinkel werden in der Medrese an denselben Stellen von achteckigen, nach oben geöffneten Strukturformen abgelöst, welche den ehemaligen geraden Winkel schräg überschneiden und mit Hilfe eines hohen Bogens die Verbindung zu den Arkadenreihen herstellen. Die Baumeister haben also in dieser Medrese die einfache Form des fest umrissenen, klar abgegrenzten Raumes vermieden und vielmehr eine in jeder Hinsicht überraschende Neugestaltung der Räumlichkeit durchgeführt, was zu der für die letzten Jahrzehnte der Safawidendynastie typischen Barockisierung der persischen Baukunst geführt hat.

In dieser Epoche wurde die Architektur zum Dekor, und aus dem Primat der Ornamentik über die Struktur entstand ein Stil, der die optische Täuschung zu suchen schien. So treten an die Stelle der schlichten Kuppelgewölbe über der Ost- und Westhalle der Königsmoschee jene abgeflachten, gesenkten Gewölbe in der Medrese, die zwar eine echte Halbkugel vortäuschen, nicht aber das bei normaler Tiefe entstehende Dämmerlicht schaffen können. Der Dekor erhöht in diesem Falle also eindeutig den Effekt der sinnlichen Täuschung.

In der Bauepoche Schah Abbas' hebt sich das Kuppelgewölbe architektonisch noch klar von den Stützbogen ab und schafft oberhalb dieser Bogen und Trompen eine absolute Rundzone. In der Medrese hingegen wird das abgeflachte Kuppelgewölbe durch einen zehn- oder sechzehneckigen Stern mit den Stützbogen so verbunden, dass die Sternspitzen in ein Netz von Kuppelzwickeln auslaufen (s. S. 165 und 183), was in der persischen Architektur eine Neuheit darstellte. Dieser bautechnische Übergang im Kuppelgewölbe wird jedoch so vorsichtig durchgeführt, dass man nicht mehr eindeutig festzustellen vermag, ob die ersten Rhomben des Netzes die Basis des Kuppelgewölbes bilden oder den Abschluss des Kuppelzwickels. Eine architektonische Zweideutigkeit dieser Art wäre noch zu Beginn des 17. Jh. undenkbar gewesen; zur Zeit von Schah Sultan Husain hingegen legte man auf den Effekt dieser fliessenden, fast spielerisch angedeuteten Übergänge der strukturellen Formsprache grössten Wert.

Zugleich machte sich ein gewisser Formalismus im Baudekor bemerkbar. So beobachten wir bei den Nischengewölben in der Rückwand der doppelreihigen Hofarkaden der Medrese (s. S. 155) ein Schmucknetz, das im Hochrelief ausgeformt nahezu Stalaktiten bildet; es handelt sich um Stuckarbeit über einer mit Strohlehm abgedeckten Holzeinlage. Zwar stellen diese Stuckstalaktiten an sich keine Neuheit dar, denn schon aus der Mongolenepoche der Ilchane sind uns ähnliche Beispiele bekannt. Doch hatte man im 13. und 14. Jh. auf dem Gebiet der Gips- und Stuckarbeit eine hohe Kunstfertigkeit erlangt, wie man sie an dem herrlichen Mihrab von Uldschaitu Chodabende in der Freitagsmoschee bewundern kann. In der Medrese hingegen kontrastiert diese Technik, die auf die Verwendung von Fayence verzichtet, auffallend mit der Ornamentik aus der Zeit Schah Abbas'; hier lassen die bemalten Nischen, denen die einst nüchternen Bögen der Königsmoschee gewichen sind, den weiten Weg ermessen, den die Ornamentik bis zu ihrem überragenden Vorherrschen zurückgelegt hat. Denn von nun an besitzt die Ornamentalsprache keine strukturelle Bedeutung noch statische Aufgabe mehr, sondern sorgt nur noch für einen gewissen schmucktechnischen Zusammenhang. Daher äussert sich in dieser Gewölbeform, so absurd sie scheinen mag, ein klarer Wunsch, dem Bauwerk mit Hilfe der Ornamentik eine Einheitlichkeit zu verleihen.

Die Rückkehr dieser Epoche zum Mosaik mit geometrischen Motiven, die entfernt an den 500 Jahre älteren Ornamentalstil der Seldschuken anklingen mag, zeigt sich sowohl am Kuppelgewölbe als auch den Wandpaneelen im Medresenhof. Dabei weisen die einzelnen Schmuckelemente keine Rundlinien mehr auf, sondern werden auf viereckige, rechtwinklige, drei-, sechs- und achteckige Formen beschränkt, so dass die Mosaikherstellung stark vereinheitlicht werden konnte (s. S. 173 und 175). Bei diesen Mosaiken fühlt sich der Betrachter beinahe an den Stil Vasarélys erinnert. Ihre nüchterne, graphische Strenge bildet jedoch einen vorteilhaften Kontrast zu dem gewundenen Rankenwerk der „kashi"-Paneele an den Liwangewölben (s. S. 177).

In den letzten Jahren der Safawidenzeit, kurz vor dem Zusammenbruch des persischen Reiches unter dem Ansturm der Afghanen, war es der Architektur noch einmal gelungen, sich von innen heraus schöpferisch zu erneuern. Ornamentik und Struktur erfuhren eine so tiefgreifende Veränderung, dass die Medrese der Königsmutter wie ein heller Schlussakkord den Schwanengesang von Isfahan übertönt.

Kapitel VI
Die Moschee als Abbild des Paradieses

Transzendentale Symbolik

Die vorangehende Betrachtung der Farbfayence mit ihren geometrischen und pflanzlichen Motiven, sowie der zahlreichen Inschriften, welche die Moschee in ein heiliges Buch verwandeln, die Untersuchung der Mosaik- und Haftrandschi-Technik in den sieben Grundfarben der persischen „kashi", die Ortung schliesslich dieser Schmuckkeramik, die Analyse ihrer bautechnischen Aufgabe und ihrer Beziehung zur Architektur der Seldschuken-, Mongolen-, Timuriden- und Safawidenepochen bis hin zur letzten barocken Blüte Anfang des 18. Jh., — all dies schien uns notwendig, um die letzte, höchste Bedeutung der Fayenceornamentik im persischen Moscheenraum aufzuspüren. Sie greift nämlich weit über das Ästhetische und Plastische hinaus und birgt einen symbolischen Charakter, dank dessen Form und Materie transzendent und die islamitische Gebetsstätte über das Irdische erhoben werden.

Ausgehend vom Prinzip der Städteplanung in Isfahan können wir Sinn und Aufgabe der Fayenceornamentik am besten verstehen und möchten zunächst festhalten, dass die Farbfayence nur zur Verkleidung der Moscheenkuppeln und inneren Fassaden nicht nur der Gebetshallen, sondern auch des Moscheenhofes und des öffentlichen Platzes verwendet wurde. Ausserdem befindet sich der Fayencedekor nicht an Fassaden herkömmlicher Art, da es solche im persischen Bauwesen gar nicht gibt, sondern auf Flächen, die

Seite 162
Die farbige Backsteinornamentik an den Minarettschäften der Medrese der Königsmutter. Die klassischen Monogramme der schiitischen Dreiheit Allah, Mohammed und Ali sind hier in so stark stilisierter kufischer Schrift ausgeführt, dass der Laie sie kaum noch zu lesen vermag.

163

wie z.B. das Portal der Königsmoschee „in" den Meidan-i-Schah, also als Teil eines Gebäudes auf einen „Innen"-Raum führen; und dieser Platz besitzt seinerseits auch nur innere Fassaden. Wie in einem früheren Kapitel dargelegt, ist der Übergang von einem umgebenden Raum zum nächsten stets gewährleistet, und nur solche einschliessenden Raumgefüge tragen die erwähnte Ornamentik.

All diese „Umhüllungen", sei es die Einfassung des Meidan-i-Schah oder, in kleinerem Masstab, der Moscheenhof oder die Gebetshalle, tragen eine farbige Verkleidung nach innen und zeigen die naturfarbene Backsteinmauer nach aussen. Der Vergleich mit einer Dose oder Schachtel drängt sich hier auf, die aussen roh und unbearbeitet, innen jedoch kostbar ausgeschmückt ist. Man könnte auch an den menschlichen Körper denken, dessen ungeschützte Stellen wie u.a. der Mund, der sensiblen, glänzenden, nahezu feucht wirkenden Fayenceverkleidung entspräche.

Dabei wäre noch zu bemerken, dass die Wichtigkeit der Ornamentik proportionell entgegengesetzt zur Fläche zunimmt. Je kleiner also eine zu schmückende Partie im Bauwerk ist, umso intensiver wird die Ornamentik gestaltet und umso leuchtender sind die verwendeten Farben. Dies fällt besonders an den neuralgischen Punkten auf, also den Durchgängen und jenen Hohlräumen, den Portalen und Liwanen, die auf einen offenen Raum führen. An diesen ganz bestimmten Stellen, wie auch im Mihrab selbst, verbindet sich unerhörter Farb- und Motivreichtum der Ornamentik mit höchster Qualität der Mosaik- und Fayencearbeit.

Die Rolle des eingeschlossenen Gartens

Aus der Perspektive der persischen Städteplanung erscheinen, wie zuvor dargelegt, die Gärten der Wohnhäuser als Schächte; in Anlehnung an diese Konzeption dürfen wir den Moscheenhof als immergrünen Garten verstehen. Daher besitzen z.B. sämtliche Fassaden im Hof der Königsmoschee eine besonders prachtvolle und zugleich äusserst subtile Fayenceverkleidung, in der die vorherrschende Farbe alle Tönungen zwischen Grün und Blau über das den Persern so wertvolle Türkis einschliesst. Die üppigen Blüten- und Pflanzenmotive, die sich zusammen mit dem reichen Ranken- und Girlandenwerk über die Hofmauern hinziehen,

Seite 163
Über einem Achteck stützt dieser Tambour die grosse Kuppel der Medrese der Königsmutter. Zwischen den achsenbezogenen Gitterfenstern mit eleganten Arabesken lagern jeweils zwei Schriftpaneele, während sich ein breites Textband um den ganzen Tambour zieht. Auf dem grossen, hier abgebildeten Paneel sind in kufischen Zeichen die Worte eingesetzt: „Die Gnade Gottes sei mit Mohammed und den Nachkommen Mohammeds".

Seite 165
Das abgeflachte Kuppelgewölbe über der Westhalle der Medrese der Königsmutter. Statt von Trompen, wie sie zur Zeit Schah Abbas' des Grossen üblich waren, wird dieses Gewölbe von vier Kuppelzwickeln gestützt. Es besteht aus sechzehn Rauten, die an den Seiten von je einem Halbkuppelgewölbe aufgefangen werden. Rosetten und auf die Spitze gestellte Vierecke mit kufischen Schriftzeichen schmücken in verschwenderischem Reichtum das Gewölbe und charakterisieren die letzte Epoche der Safawidenornamentik, die sich im Gegensatz zu den vorangehenden Stilrichtungen durch das Vorherrschen geometrischer Motive auszeichnet.

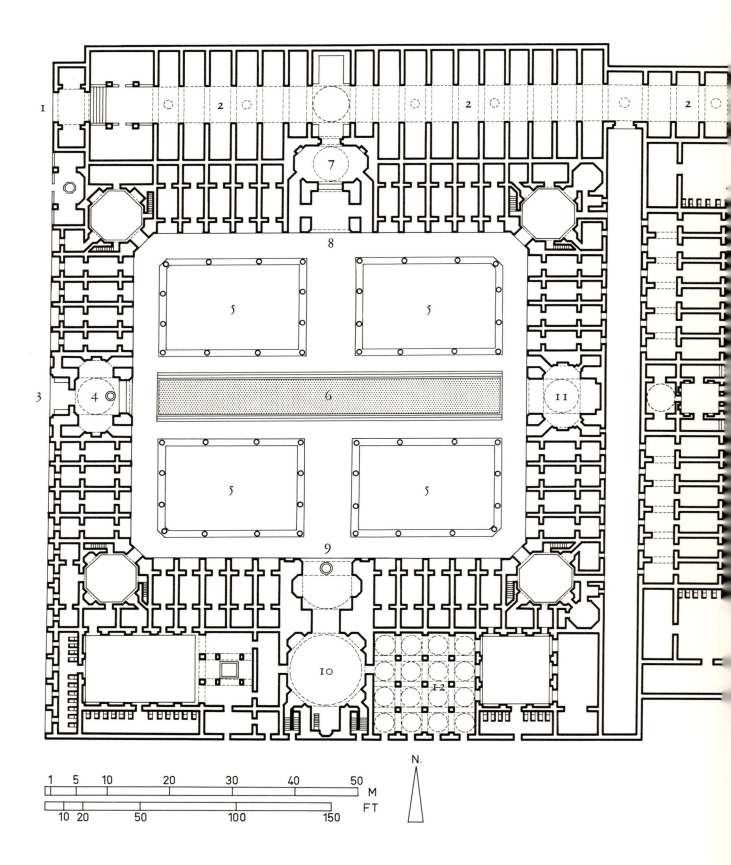

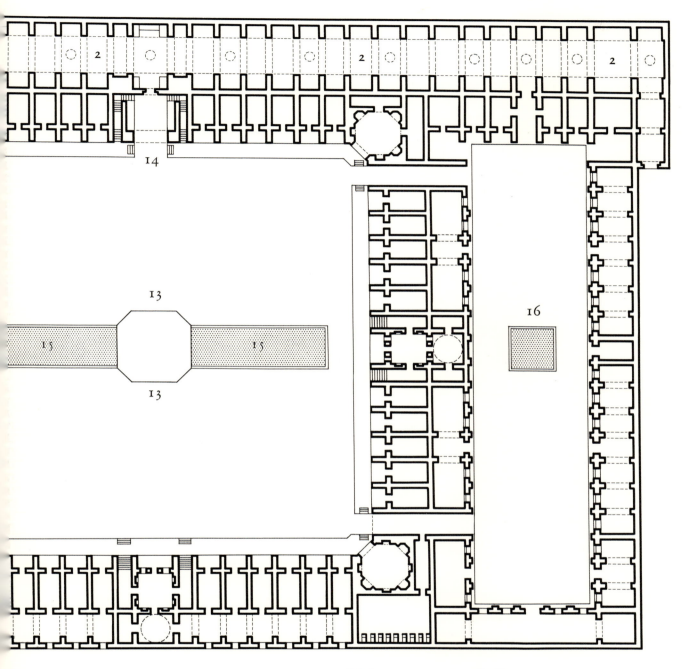

Grundriss der Medrese von Schah Sultan Husain, mit ihrem Basar und der Karawanserei
Masstab 1 : 600

1 Eingang zum Basar
2 Bedeckter Basargang
3 Eingang zur Medrese von der Tschahar-Bagh-Allee aus
4 Westliche Vorhalle
5 Die vier Gärten
6 Wasserlauf
7 Verbindungshalle zwischen Basar und Medrese
8 Nordliwan
9 Südliwan
10 Kuppelgewölbe der Moschee
11 Östliche Vorhalle
12 Wintersaal
13 Karawanserei
14 Nordliwan der Karawanserei
15 Wasserlauf
16 Hof der Stallungen

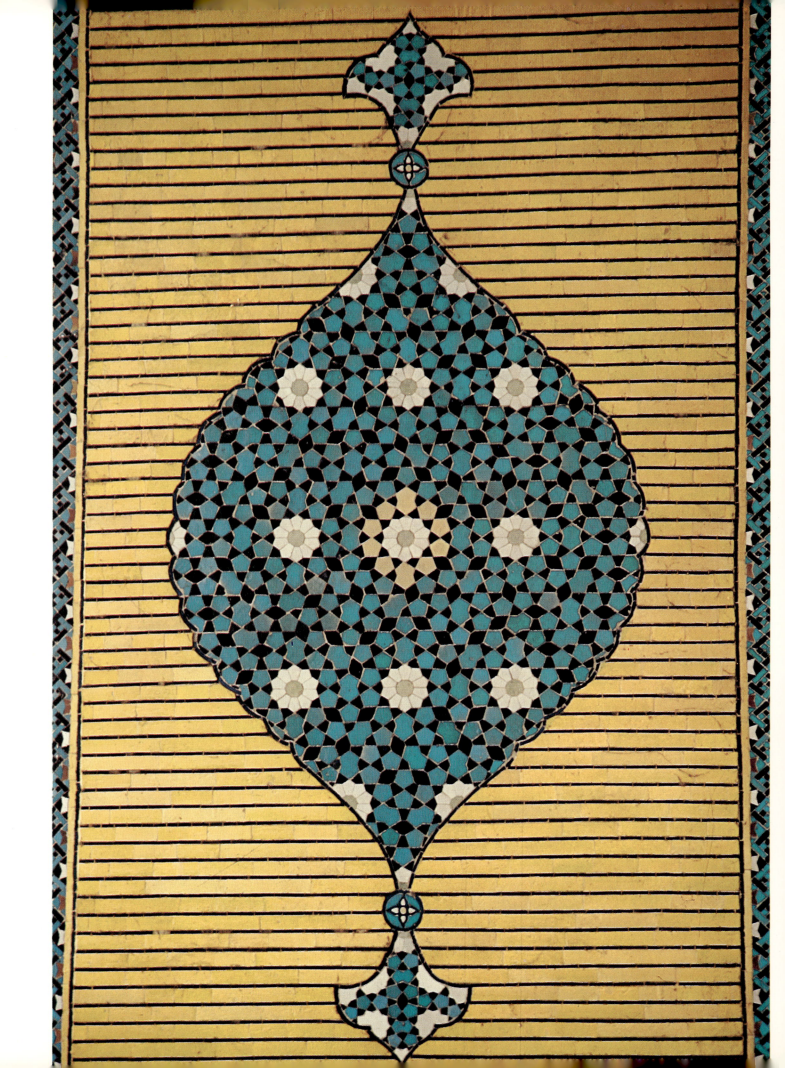

symbolisieren die paradiesische Fülle des ewigen Gartens. Wenn man im Stadtbild die einzelnen Gärten der Wohnhäuser als Brunnen der Erquickung in der heissen Dünenlandschaft versteht, die von den naturfarbenen Backsteindächern gebildet werden, dann lässt sich dieses Bild auch auf das grosse Wasserbecken im Moscheenhof übertragen. Zugleich symbolisiert dieser Wasserspiegel die Quelle für die Vegetation, die sich über den Hofmauern ausbreitet und als Laube angesehen werden darf. Der Moscheenhof wird dadurch zu einer Art Über-Garten, zum Symbol des Paradieses, des Garten Eden, wie er im Koran beschrieben wird.

Neben den bereits zitierten Suren 48 und 76 findet man an zahlreichen anderen Stellen des Korans Hinweise auf die Paradiesgärten, so z.B. in der 2. Sure, wo es u.a. heisst:

Verkünde denen, so da glauben und das Gute tun, dass sie kommen werden in Gärten, von Bächen durchwässert, und so oft sie deren Früchte geniessen, werden sie sprechen: Diese Früchte haben auch früher schon zur Speise uns gedient; doch sie ähnen jenen nur dem Anschein nach.

In der 9. Sure lesen wir u.a.:
Den gläubigen Männern und Frauen hat Gott versprochen Gärten, von Wasserquellen durchströmt, worin sie ewig wohnen. Eine köstliche Wohnung ist's in Edens Gärten.

In der 13. Sure heisst es dann:
Das Paradies, welches den Frommen versprochen ist, ist von Bächen durchströmt und enthält Nahrung auf ewig und immerwährenden Schatten. Das ist der Frommen Lohn.

Die 18. Sure enthält u.a. folgende Zeilen:
Denen aber, so da glauben und Gutes tun, sind Edens Gärten bestimmt, welche Wasserbäche durchströmen. Geschmückt werden sie mit goldenen Armbändern und bekleidet mit grünen Gewändern von feiner Seide, mit Gold und Silber durchwirkt, und ruhen sollen sie auf weichen Polsterkissen. Welch herrliche Belohnung! Und welch ein süsses Lager!

In der 56. Sure schliesslich finden wir unter den eschatologischen Beschreibungen der Wohltaten, die den Auserwählten vorbehalten sind, folgende Hinweise:

Seite 168
Eine der langgezogenen, für die Ornamentik typische Rosette, die auf der Bogenleibung oberhalb des Kuppelgewölbes der Medrese auf S. 165 abgebildet ist. Von einem schlichten Grund aus gelben und schwarzen Streifen hebt sich diese Rosette ab, die nur aus Fünf- und Zehnecken zusammengesetzt ist. Eine Formsprache äusserster Strenge bringt hier das Wesentliche zum Ausdruck.

Seite 170
Ausschnitt aus der Kuppelverkleidung der Medrese. In dem elegant rhythmisierten Arabeskennetz sind grosse Blumen- und Blattmotive eingefangen, die von der Meisterschaft des Baukünstlers zeugen.

Seite 171
Eine kupferne Turmspitze mit drei grossen Kugeln krönt die Fayenceornamentik auf der Kuppel der Medrese. Ihr äusserstes Ende trägt eine kleine Schutzhand, die in den Ländern des Islams die Hand der Fatima genannt wird, also den Namen der Tochter Mohammeds trägt, die ihren Cousin Ali heiratete.

Die, welche Gott am nächsten sind,
 werden in wonnevollen Gärten wohnen.....
Sie werden ruhen auf Kissen, mit Gold und edlen Steinen ausgeschmückt,
 auf denselben einander gegenübersitzend.....
Sie werden wohnen bei dornenlosen Bäumen
 und bei Bananenbäumen übervoll von Früchten,
 und unter weit ausgebreitetem Schatten,
 bei einem immer fliessenden Wasser,
 und bei Früchten in Überfluss.....
Dem aber, so Gott nahe ist,
 wird Ruhe, herrliche Versorgung
 und ein wonnevoller Garten zuteil.....

Durch die Gleichsetzung von Garten und Paradies führt die Interpretation der Fayenceornamentik in eine präzise Richtung, und die Rolle der vorherrschenden Farben, die denen vom Laubwerk der Bäume und rankenden Pflanzen entsprechen, wird klar verständlich. Während nämlich die Räumlichkeit des Moscheenhofes eine Halle symbolisiert, über der sich das Himmelszelt wie ein Kuppelgewölbe spannt, erklärt sich nunmehr, warum nur die Innenwände des Hofes bis oben hin mit farbiger Fayence verkleidet sind, die Ornamentik sich jedoch nie darüber hinaus auf die Dachpartien erstreckt. Sie muss vielmehr mit dem Mauerabschluss enden, denn darüber führt der Himmel selbst die Symbolik weiter. Die schmückende Verkleidung ist also nicht nur aus materiellen Überlegungen denjenigen Mauerteilen vorbehalten, wo sie, wie im Moscheenhof, sichtbar in Erscheinung tritt, sondern auch weil die persische Fayenceornamentik ihrer Funktion gemäss dort aufhören muss, wo das Azur des Himmels an ihre Stelle treten kann.

Hierzu ein aufschlussreiches Beispiel, nämlich die schmale Nebenseite des Liwanrahmens (s. S. 29). Man hat des öftern kritisiert, dass die persischen Baumeister diese Partie schmucklos gelassen haben, während die grosse Fassade der Liwanumrahmung selbst wie eine Fläche ohne stützende Mauer behandelt wurde. Wenn nun die schmalen Seitenpartien, die sich oberhalb der auf sie zulaufenden Hofarkaden frei in die Luft erheben, niemals mit Fayence verkleidet wurden, so dürfte dies kaum eine Frage der Herstellungskosten gewesen sein, da es sich ja um relativ kleine Bauflächen handelt. Andererseits entzieht sich diese Partie aber

Seite 173
Unter Schah Sultan Husain ist die letzte Schaffensperiode im Safawidenstil nicht nur vom Flachgewölbe (s.S. 165) geprägt, sondern auch von stützenden Halb-Achtecken, deren stark vorspringendes Stalaktitenwerk zu barocker Fülle aufschwillt. In der Osthalle der Medrese kommt dieser Stil voll zur Geltung. Während zu Beginn der Epoche unprofilierte Gewölbe und Trompen vorherrschten, wie man sie in der Moschee Scheich Lotfallah beobachten kann, überzogen später Zellen und Stalaktiten die Deckengewölbe. Komplizierte hohle und vorspringende Formen, die zunächst nur an grossen Portalen zu finden waren, verkleiden jetzt die gesamten Hallenflächen. Die kunstvolle Mosaik- und Fliesenornamentik wird nun vom einfacheren Backsteinmosaik abgelöst. Dies führt zu einer rein geometrischen Ornamentik mit schlichten Form- und Farbblöcken, die einen starken Kontrast zu Arabesken und Blütenmustern bilden.

nicht immer dem Blick des Beobachters; solange man sich in der Achse zum Liwan aufhält, kann man diese unschönen Seiten aus blossem Backstein zwar nicht wahrnehmen, sondern sieht ringsum im Moscheenhof nur mit Fliesen und Mosaik verkleidete Mauerflächen. Nimmt man jedoch eine etwas seitlichere Position zum Liwan ein, fällt das Fehlen der Ornamentik sofort auf. In diesem Zusammenhang dürfen wir kurz einschieben, wie wichtig uns daher eine streng achsenbezogene Betrachtung des Bauwerkes erscheinen musste.

Die symbolische Interpretation von Raum und Farbe scheint uns daher nur mit der Annahme vereinbar zu sein, dass jene schmalen Seitenpartien der Liwanumrahmung einfach nicht gesehen werden sollten, da sich ja der Himmel als kosmische Kuppel neben dem Fliesenwerk sämtlicher verkleideter Hoffassaden sofort ins Blickfeld schiebt. Diese Erklärung mag zunächst nicht voll befriedigen, doch trägt sie zur Lösung eines ästhetischen Problems bei, das sich aus dieser Ausnahme von der sonst allgegenwärtigen Fayenceverkleidung im Moscheenhof ergeben hat. Wenn man sich jedenfalls vor Augen hält, mit welcher Sorgfalt Architekten und Baukünstler ihre symbolisch angereicherten Arbeiten bis ins letzte Detail ausgeführt haben, und berücksichtigt, dass der oben erwähnte Mangel überall ständig wiederkehrt, dann lässt sich kaum eine andere Erklärung als die von uns angebotene finden. Und dies umso weniger, als wir uns, wie bei der Widerspiegelung des Bauwerks im Wasserbecken, vor dem Phänomen von realer Ursache und optischer Wirkung zu befinden glauben, wodurch sich nochmals die Logik der achsenbezogenen Betrachtung aufdrängt, dank derer sich die Seitenpartie des Liwanrahmens völlig dem Blick entziehen muss.

Der Liwan als Grotte

Diese Betrachtungen führen zu der Frage, welche Bedeutung dem Liwan selbst zukommt, wenn man ihn als Teil des vom Gewölbe des Himmelszeltes geschlossenen Hofgartens mit üppiger Vegetation versteht. Dieser tiefe, schattige, Frische verheissende Hohlraum, der sich bisweilen mit Stalaktiten oder einem kristallähnlichen Rautenwerk füllt, versinnbildlicht die kühle, feuchte Grotte

Seite 175
Ein Beispiel der Schmucktechnik aus der Medrese der Königsmutter, wie sie sich gegen Ende der Safawidenzeit zu höchster Blüte entfaltete. Das Mosaik verzichtet nunmehr auf alle Rundlinien und benutzt nur noch streng geometrische Motive; auch die Farbskala hat sich dahingehend geändert, dass Blau und Türkis von Grün und Gelb abgelöst werden, zwischen die sich kräftige schwarze Ränder fügen.

eines Gartens. Das Symbol ist umso eindeutiger, als die klar artikulierten Stalaktiten völlig denen einer natürlichen Grotte entsprechen; und damit verstehen wir auch, warum die Liwanverkleidung meistens in Blau gehalten ist, soll sich doch darin die Idee des Wassers ausdrücken.

Pierre Loti war einer von den Besuchern Isfahans, der dank seiner Sensibilität die Moschee aus dieser selben Perspektive betrachtete und aus dem Verständnis für den städtebaulichen Zusammenhang u.a. folgendes schrieb: „Um die kleine Wüste Sahara im Zentrum des Meidan-i-Schah zu vermeiden, bewege ich mich am Rande dieses Platzes entlang auf die Königsmoschee zu, deren riesiges Eingangsportal mich ganz weit dort hinten wie der magische Eingang in einen blauen Schlund zu ziehen scheint. Gelangt man schliesslich in diesen weiten Vorhof, erblickt man eine Kaskade blauer Stalaktiten, die vom Gewölbe herabhängen. Sie sind in geordnete Garben, in tausend symmetrische kleine Tropfen aufgeteilt, die über die Innenwände gleiten". Die Symbolik des Wassers ist überall gegenwärtig, und in diesem Universum wird der Liwan zu einer künstlichen Grotte, die zum Himmelstor und zum Lebensquell führt.

Die Kuppel als Baum mit grüner Blattkrone

In unserer Interpretation wollen wir uns jedoch nicht nur auf den Liwan als Grotte und den Moscheenhof als eingeschlossenen Garten beschränken, sondern noch ein drittes Element in unser Bild einbeziehen, und zwar die alles überragende Moscheenkuppel mit ihrer smaragdgrünen Verkleidung. Besonders am Beispiel der Königsmoschee und der Medrese von Schah Sultan Husain möchten wir im weitläufigen Ranken- und Astwerk der Ornamentik auf der ausladenden Zwiebelkuppel die symbolische Darstellung eines gewaltigen Baumes mit einer riesigen, grünen Blattkrone verstehen, die sich über das Allerheiligste, das Mihrab spannt.

In das Bild des von der Moschee geformten Paradiesgartens einbezogen, wird jener Baum dann zum ewigen Lebensbaum des Orients, womit auch eine Erklärung dafür gegeben wäre, warum allein diese nach aussen gewandte Fläche der Kuppel ausnahmsweise mit Fayenceornamentik verkleidet ist. So wie sie sich vor dem

Seite 177
Im Vergleich zum Hauptliwan der Königsmoschee (s. S. 133) vermittelt dieser Liwan in der Medrese der Königsmutter eine völlig andere Formsprache. Hier sind die Ecktrompen und seitlichen Öffnungen von Stalaktiten verkleidet, deren geometrische Mosaikornamentik der Feinheit des Pointillismus nahekommt. Die gesamte Strukturierung des Gewölbes beruht auf einem halben Sechzehneck.

Hintergrund der Wüste abhebt, wird sie zu einem Signal, das Zuflucht, ja einen schützenden Hafen verspricht, zum Semaphor, zum Sinnbild des Paradiesbaumes, der vom Lebensbrunnen kündet; schliesslich wird die Kuppel zur Weltachse, zum Rotationspunkt, der allein in ruhiger Stellung verharrt, während alles irdische Sein um diesen Punkt in wirbelnder Bewegung ist.

Zur Unterstützung unserer Interpretation könnte man auf zahlreiche Überlieferungen verweisen, doch wollen wir uns im weiteren lediglich auf Quellen aus dem iranischen Bereich selbst beziehen und vor allem auf die des Zwölfer-Schiismus (s. S. 181). Schliesslich könnte man in die Reihe jener symbolischen Bilder noch das Mihrab einbeziehen, dieses Schmuckkästchen aus Fayence unterhalb des Kuppelgewölbes, das unter der golden leuchtenden Sonne im Gewölbescheitel der Königsmoschee das Tor zu Gott, den Weg zu Allah anzeigt. Daher sind die Gläubigen ja auch angehalten, sich beim Gebet dieser Richtung zuzuwenden.

Zahlreiche Schriften und Überlieferungen stützen diese Interpretation und verdeutlichen auch die spezifische Rolle, die jener Sonne im Zenith des Kuppelgewölbes (s. S. 136) zukommt. Zahlreiche Details bestätigen diese Schau der Ornamentik und Architektur, auf die es uns hier ankommt. So dürfen wir z.B. in den smaragdgrünen, gewundenen Rundstäben an bestimmten Liwanen und Portalen einen klimmenden Weinstock sehen, dessen Wurzeln sich aus Vasen nähren, die mit Wasser der ewigen Quelle gefüllt sind. Diese Vasen sind übrigens nichts anderes als der Cantharus, das antike Trinkgefäss der Unsterblichkeit. Dieses ständig wiederkehrende Motiv der grossen Vase, aus der heraus sich Weinranken über Mosaik- und „kashi"-Paneele ausbreiten, versinnbildlicht den Lebensbaum und muss daher immer wieder in den Moscheen in Erscheinung treten.

Die Welt der Smaragd-Städte

Mit der vorangehenden Interpretation glauben wir keineswegs, die Absichten der persischen Baukünstler zu überschätzen, da unsere Betrachtungsweise an die islamitische Theologie und vor allem an die schiitischen Texte des Iran anschliesst, in denen man immer wieder Hinweise auf das Jenseits und das Paradies findet, das als Welt der Schau, der Vision verstanden wird.

Von dem Historiker Tabari (gest. 935) sind uns die ältesten Angaben über die Welt des Jenseits mit den drei Städten Jabarsa, Jabalka und Hurkalja überliefert. In seinem Werk „Terre céleste et Corps de Résurrection: de l'Iran mazdéen à l'Iran shi'ite" (Himmlische Welt und Leib der Auferstehung — Vom Iran des Mazdaismus zum Iran des Schiismus) bezeichnet der hervorragende Spezialist des schiitischen Glaubens im Iran, Prof. Henry Corbin, jene Städte als Smaragd-Städte in Anlehnung an die berühmte „Visio smaragdina" der Apokalypse und an den Smaragdfelsen, Schlusstein des Himmelsgewölbes, der im Zusammenhang mit der islamitischen Kosmologie in einigen Hadithen erwähnt wird. Da wir in einem früheren Kapitel schon ausführlicher auf diese Spruch-Sammlung hingewiesen haben, sei hier lediglich erwähnt, dass die Smaragdfarbe jenen Texten zufolge die Grenze zur anderen Welt anzeigen soll. Und gerade dieser grünlich Farbton herrscht ja in der Königsmoschee vor.

Zu diesem Thema verweist Corbin auf mehrere, im Westen unbekannte Autoren, die wichtige Studien über den islamitischen Glaubensgedanken verfasst haben. Unter ihnen sei vor allem Schijabudin Jaija Suhrawardi (1155-1191) genannt. Er wurde im nordwestlichen Iran geboren und erweckte die altpersische Theosophie vom Licht der Weisen zu neuem Leben; so beschrieb er auch jene mystische Erde von Hurkalja und schuf die Basis für die schiitische Gnosis.

Gemäss der Studien von Corbin definiert der Mystiker Suhrawardi bis ins einzelne die geographische Lage jener anderen Welt in einer Schrift, die Corbin unter dem Titel „L'Exil occidental" (Das abendländische Exil) übersetzt und veröffentlicht hat und darin folgendermassen kommentiert: „Der dritte Teil der Beschreibung beginnt mit einer Szene des Friedens und des Schweigens am Fusse des Hohen Berges, wo die Quelle des Lebens und der Unsterblichkeit entspringt. Der Sinai, zu dessen Füssen sich jetzt der Pilger befindet, ist ein mystischer Sinai, eben jener, der am Gipfel des Berges Kaf endet, dort wo der Grosse Felsen ist". Dieser Grosse Felsen ist der grüne Smaragd, wobei „die Farbe Grün die Welt des Malakut anzeigt", d.h. die Welt der Seelen. Dort befindet sich die himmlische Pforte, das Tor zum Jenseits.

180

Seit dem vorigen Jahrhundert haben sich einige iranische Gelehrte wieder mit dieser alten Überlieferung befasst. So hat Prof. Corbin u.a. das Werk von Scheikh Ahmad Ahsai (gest. 1826) übersetzt und mehrfach in seiner eigenen Arbeit zitiert. Auch Ahsai liefert eine topographisch genaue Beschreibung der Stadt Hurkalja und versucht, jene Welt der archetypischen Bilder, die sich an der Grenze von Raum, Richtung und Zeit befindet, zu enthüllen. Es ist die Stätte auf dem Gipfel des komischen Berges jenseits des Smaragdfelsens, der Ort der Auferstehung, die Welt der Seelen, die sich in der irdischen Form der Moschee widerspiegelt. Damit knüpfen wir direkt an unsere Ausführungen über die Symbolik des Raumes und jene unendliche, transzendentale Welt (s. S. 78-83) im dritten Kapitel des vorliegenden Werkes an.

Der Baum Tuba

Um auf die Kuppel als Symbol des Lebensbaumes zurückzukommen, so finden wir bei Suhrawardi, der mehrere Jahre in Isfahan gelehrt hatte, zahlreiche Hinweise gerade auf dieses Thema. In seinem Werk über diesen Mystiker und visionären Philosophen des 12. Jh. hat Prof. Corbin verschiedene Texte in französischer Übersetzung wiedergegeben, in denen vom Baum Tuba die Rede ist. Im „Purpurfarbenen Erzengel" schreibt Suhrawardi folgendes: „Der Baum Tuba ist ein sehr grosser Baum. Jeder, der im Paradies wohnt, betrachtet diesen Baum jedesmal, da er dort wandelt". Dazu schreibt Corbin selbst: „Der situs, der Ort dieses Baumes, ist das Zentrum der Berge, die das Gebirge Kaf bilden, ein kosmisches Gebirge, das auch Alborz genannt wird; dies bedeutet, dass der Ort zugleich der Gipfel des Malakut ist, also der Welt der Seelen, des Paradieses. Das Symbol tritt in allen Mystiken immer wieder auf. Alle dem Schiismus verbundenen Überlieferungen erwähnen, dass die Zweige des Baumes Tuba aus dem höchsten Bereich des Paradieses herabhängen". Hieraus wird ersichtlich, welche Bedeutung dem ornamentalen Zweigwerk auf den Moscheenkuppeln zukommt.

Da ausserdem der Baum Tuba bei Suhrawardi die geistige Sonne des Malakut, bzw. des Paradieses versinnbildlicht, können wir nunmehr die Riesensonne aus gelber Fayence deuten, die im

Seite 180
Kuppel und Minarette der Moschee, die sich an die Medrese von Schah Sultan Husain anschliesst. Die Platanen im Moscheenhof mit vier Liwanen bilden einen bezaubernden Gegensatz zum eigentlichen Bauwerk, das Anmut und Eleganz mit hoher technischer Kunstfertigkeit noch einmal in sich vereinigt und damit beweist, dass sich bis zum Ende der Safawiden-Dynastie Altes und Neues stets zu harmonischer Einheit verbanden.

Innengewölbe der Königsmoschee (s. S. 136) genau unterhalb der Aussenkuppel, also unter dem Lebensbaum angebracht ist. In dieser Zenithstellung der Sonne drückt sich traditionsgemäss der Eingang zum Malakut aus. Die 53. Sure spricht im Zusammenhang mit einer Vision Mohammeds von diesem Baum, der sich am Rande des Paradieses befindet; dort heisst es:

Er sah ihn ja schon zu einer andern Zeit,
bei jenem Baum, der nicht überschritten werden darf,
der da steht am Garten der ewigen Wohnung.

Gegen diesen Baum, der die Grenze der himmlischen Welt markiert, steht der Baum der Hölle, wie er in der 37. Sure erwähnt wird:
Dieser Baum Sakkum, der aus dem tiefsten Grunde der Hölle hervorwächst.

Querschnitt von Eingangsportal und Vorhalle der Medrese von Schah Sultan Husain Masstab 1:100

1 Eingangsportal von der Tschahar-Bagh-Allee aus
2 Westliche Vorhalle
3 Senkgewölbe
4 Das hölzerne Goldasteh
5 Verbindungsbogen zum Medresenhof
6 Zweigeschössige Arkadenreihe, hinter der sich die Studienräume befinden

Die symbolische Bedeutung des Spiegels

Um in die Welt der Smaragd-Städte, nach Hurkalja zu gelangen, bedarf es der Hilfe einer geistigen Alchimie, wie Prof. Corbin erklärt: „Durch die Wirkung des Elixiers vermögen die grossen Weisen einen Spiegel zu schaffen, in dem sie alle Dinge dieser Welt betrachten, sowohl die konkreten als auch die geistigen Wirklichkeiten. In diesem Spiegel entspricht die Auferstehung der Leiber jener des Geistes".

Scheikh Sarkar Agha (geb. 1896 in Kerman, gest. 1970), der fünfte Nachfolger von Scheikh Ahmad Ahsai, hat die grosse mystische Tradition Persiens fortgeführt und erwähnt in diesem Zusammenhang: „Was nun die Art und Weise betrifft, in der die Seelen diese Welt betreten, so kann man sie mit jenem Vorgang vergleichen, wo das Bild eines Menschen auf einem Spiegel erscheint, oder das Sonnenlicht hoch aus dem Himmel auf diesen Spiegel herabstrahlt, oder auch auf die glatte, ruhige Wasserfläche. Ein solches Bild besitzt eine unabhängige Existenz, es wurde gesondert geschaffen. Wenn ein Spiegel vorhanden ist, projiziert sich das Bild auf ihn und erblickt sich darin". Aus dieser Nachübersetzung von Corbins Übertragung ins Französische geht eindeutig hervor, welch grundlegende Bedeutung dem Spiegel in der schiitischen Tradition zukommt.

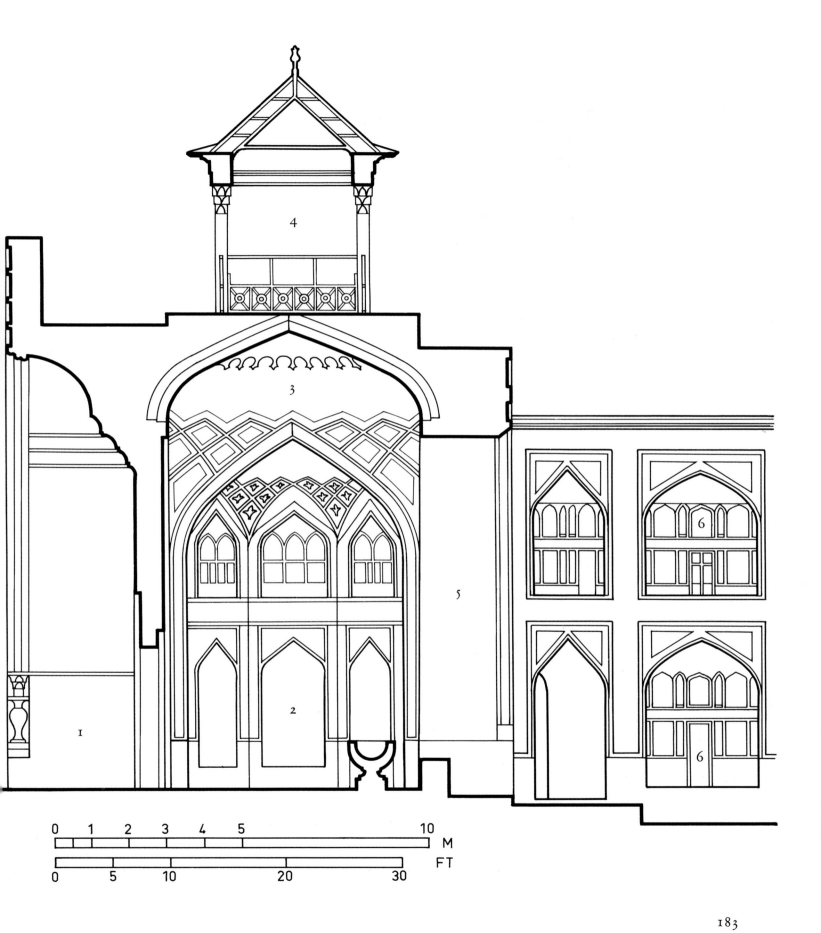

An anderer Stelle erwähnt Corbin in seinem Werk „En Islam iranien" (Im iranischen Islam) die Erscheinung des Unsichtbaren und erläutert dazu: „Die Wasserfläche im ‚Paradies‘, d.h. im Zentrum des traditionellen persischen Gartens, oder auch des zentral gelegenen Beckens im weiten Hof der Königsmoschee von Isfahan, verrät dasselbe Anliegen. Bei Tageslicht sammelt das spiegelnde Wasser die grossen, blaufarbenen Fayenceflächen, die das Becken umgeben, zu einem Bild zusammen, in der Nacht treten zahllose Sterne an ihre Statt. In das Becken zu tauchen, um das Bild zu berühren, wäre ebenso vergebens wie der Versuch, den Spiegel zu zerbrechen. Die spiegelnde Wasserfläche ist ja nur Ort einer Erscheinung, doch existiert das Bild ja nicht".

Eine solche Deutung der Wasserfläche in der Königsmoschee ist jedoch nicht neueren Datums, sondern fusst, wie u.a. die Schriften von Mohsen Faiz Kaschani beweisen, auf einer viele Jahrhunderte alten Überlieferung. Dieser Philosoph und Theosoph der schiitischen Mystik, der in Schiras studierte und im Jahre 1680 in Kaschan starb, also gerade zu jener Zeit lebte, da die für uns wichtigen Bauwerke der Safawiden entstanden, schreibt, — gemäss der Übertragung ins Französische von Henry Corbin, — folgendes: „In dieser Welt der archetypischen Bilder verköpert sich das Geistig-Seelische und wird der Körper zu Geist. Die Erscheinung einer Gestalt im Spiegel oder auf einer anderen, spiegelnden Fläche wie der des Wassers, geschieht in dieser Zwischenwelt, der alle Gestalten, die von einem Spiegel wiedergegeben werden, zugleich angehören".

Da also die schiitische Glaubensphilosophie die Idee der Spiegelung einbezieht, wird die persische Moschee zum Träger einer reichen mystischen Symbolik. Während sie selbst in ihrem smaragdgrünen Gewand das Paradies darstellt, verwandelt sich der Wasserspiegel im Zentrum ihres Hofes zur Pforte in jene andere Welt der Seelen.

Die vier Paradiesgärten des Koran

Ein Abschnitt aus der 55. Sure bestätigt in aller Deutlichkeit unsere Interpretation der symbolischen Rolle der Moschee, die wir als Abbild des Paradieses verstehen. Auf einer langen Folge von Fragen baut dieser Text wie folgt auf:

Seite 185
Die beiden Minarette der Medresen-Moschee von Schah Sultan Husain laufen in elegant gewölbten kleinen Kuppeln aus. Die darunter liegenden Galerien mit ihrem fein gearbeiteten Holzgitter werden von einer doppelten Stalaktitenreihe getragen; von hier rief der Muezzin einst die Gläubigen zum Gebet. Wie bei der Königsmoschee besteht auch hier die Ornamentik der Minarettschäfte und -spitzen aus Farbziegeln.

*Für den aber, der die Gegenwart seines Herrn gefürchtet,
   sind zwei Gärten bestimmt.
      Welche von den Wohltaten eures Herrn wollt ihr wohl leugnen?
Ausgeschmückt mit Bäumen weit ausgebreiteter Zweige.
      Welche von den Wohltaten eures Herrn wollt ihr wohl leugnen?
In beiden befinden sich zwei fliessende Quellen.
      Welche von den Wohltaten eures Herrn wollt ihr wohl leugnen?
In beiden befinden sich von allen Früchten zwei Arten.
      Welche von den Wohltaten eures Herrn wollt ihr wohl leugnen?
Ruhen sollen sie auf Polsterkissen, deren Inneres mit Seide und Gold
   durchwirkt ist, und die Früchte der beiden Gärten sollen ihnen nahe zur
   Hand sein.
      Welche von den Wohltaten eures Herrn wollt ihr wohl leugnen?
Ausser jenen beiden Gärten sind noch zwei Gärten bereit.
      Welche von den Wohltaten eures Herrn wollt ihr wohl leugnen?
Beschattet mit dunklem Grün.
      Welche von den Wohltaten eures Herrn wollt ihr wohl leugnen?
In ihnen sind zwei Quellen, welche stets wasserreich strömen.
      Welche von den Wohltaten eures Herrn wollt ihr wohl leugnen?
In beiden befinden sich Obst, Palmen und Granatäpfel.
      Welche von den Wohltaten eures Herrn wollt ihr wohl leugnen?*

Dieser höchst aufschlussreiche Abschnitt zeigt, dass man das Paradies als Vier Gärten mit vier Quellen verstehen muss, die vier Wasserläufe bilden. In der gesamten mittelalterlichen Mystik fliessen stets vier Flüsse durch das Paradies oder an seiner Begrenzung entlang, nämlich der Tigris, der Euphrat, der Oxus und der Indus. Sie begrenzen im weiteren Sinne den Iran, der als Garten Eden verstanden wird. Damit gibt obiger Text aus dem Koran auch eine Erklärung für die kreuzförmige Anlage der persischen Moschee mit ihren vier Liwanen, die Grotten und Quellen zugleich sind.

Tschahar Bagh bedeutet übrigens im Persischen nichts anderes als „Vier Gärten". Wenn Schah Abbas also der grossen Prachtstrasse seiner Hauptstadt diesen Namen Tschahar Bagh gab, so muss er ganz bewusst seine Aufmerksamkeit auf die mystisch-religiöse Thematik der Vier Paradiesgärten gelenkt haben, die sich hinter dieser Benennung verbergen.

Dieser Begriff tritt immer wieder in der iranischen Gedankenwelt auf und wurde u.a. auch von Farzaneh Bahram ibn Farsad, einem Autor des 17. Jh., aufgenommen, der in seinem Werk „Die Stadt der Vier Gärten" einige von Suhrawardi auf Arabisch verfasste Schriften ins Persische übersetzt hat.

Ursprung und Symbolik der grünen Farbe

Wie könnte man in den grünen Moscheen Isfahans letzlich etwas anderes sehen als das getreue Abbild jener Städte in der anderen Welt, die den Gläubigen verheissen sind und wo sie schattiges Laubwerk, Gärten der Wonne, Bäche mit ungetrübtem Wasser, Bäume ohne Stachel finden, wie es im Koran heisst?

Die Bewohner heisser Länder wie Arabien und der Gebiete des Mittleren Orients sehnen sich ständig nach Grün, wohltuendem Schatten, nach Erfrischung, nach der Nähe von Wasser, was alles zusammen Reichtum, Fülle und Glückseligkeit bedeutet. Die Farbe Grün versinnbildlicht also den Garten Eden und das Paradies und wird schliesslich zur Symbolfarbe des Propheten. Auch ist es in den Ländern des Islams Sitte, eine tiefgrüne Fahne über der Grabstätte eines besonders verehrten Priesters oder auf einem Mausoleum wehen zu lassen, das einer geheiligten Person geweiht ist. Diese Tradition, die grüne Farbe mit der Idee des Todes zu verbinden, wurzelt in einer weit zurückliegenden Antike, wo Grün die Auferstehung bedeutete, da es die Farbe des Frühlings, also der Wiedergeburt der Natur war. Aus dieser Anschauung heraus wurde Grün mit dem Ewigen Leben asoziiert, vor allem im Ägypten der Pharaonen, wo der Heilsglaube durch den Kult des Gottes Osiris ausgedrückt wurde; diese Gottheit des Begräbnisses wurde oft als grüne Mumie dargestellt, womit ihre spätere Rückkehr zum Leben angedeutet werden sollte.

Doch schon in der vorislamitischen Glaubenswelt des Iran war die Farbe Grün von grösster Bedeutung, so dass wir unsere eigene Interpretation nochmals bestätigt sehen. Mazahéri schreibt dazu: „Die Parther hatten das Gewölbe, die Sassaniden die Kuppel als Sinnbild des Himmlischen in ihre Architektur aufgenommen. Wie wir von al-Gahiz (gest. 869) erfahren, waren diese Rundformen grün, womit man im Iran jener Epoche den Himmel andeuten wollte". Somit wird die Existenz der grünen Kuppel oder des grünen Gewölbes schon im antiken Persien vor der Hedschra, in

den ersten Jahrhunderten unserer Zeitrechnung, von schriftlichen Überlieferungen eindeutig bestätigt. Die von arabischen Schriftstellern des 10. Jh. erwähnten grünen Kuppeln der Moscheen in Bagdad und Buchara sind daher direkte Erben einer weit älteren, ehrwürdigen Tradition des Sakralbaus im Iran, die sich bis in die Epoche Schah Abbas' und der Safawiden mit den grossartigen Schöpfungen in Isfahan fortgesetzt hat.

Die Mystiker des Lichtes im Orient und Okzident

Nach den vorangehenden Betrachtungen möchten wir noch auf die erstaunliche Tatsache hinweisen, dass sich die schiitische Mystik, die vor allem von Suhrawardi im 12. Jh. entwickelt wurde, im Iran genau zur selben Zeit ausbreitete wie der analoge Glaubensgedanke im Abendland, und dass sich diese Theosophie in beiden Kulturbereichen gleichzeitig auf dieselbe Weise, nämlich in Form des Sakralbaus konkret ausdrückte. Die Interpretation der persischen Moschee mit vier Liwanen, die dem Paradies mit den im Koran genannten Vier Gärten entspricht, stimmt mit jener des gothischen Domes überein, der das Neue Jerusalem der Apokalypse versinnbildlicht. In beiden Fällen wird also die Stadt Gottes in der irdischen Form der Gebetsstätte vorangekündigt und zu diesem Zweck mit zahlreichen Symbolen angereichert. Deshalb möchten wir mit Nachdruck auf die seltsame Übereinstimmung hinweisen zwischen der Mystik des Lichtes im Okzident, auf die sich die gothische Architektur unter dem Impuls des Abtes Suger von St. Denis (1081-1151), dem Berater Ludwigs VI., stützt, und der theosophischen Mystik des Lichtes des Schiiten Suhrawardi, der die antike Weisheit des persischen Mazdaismus zu neuem Leben erweckte.

Georges Duby schreibt hierzu: „Suger verstand das Bauwerk als theologisches Werk, so dass sich seine Theologie auf die Schriften des Schutzherrn der Abtei, des heiligen Denis, stützen musste, welch letzteren man in Denys, dem Areopag-Richter, erkennen zu dürfen glaubte; traditionsgemäss wird diesem die ‚theologia mystica', die Gründung der grossartigsten Mystik in der christlichen Gedankenwelt zugeschrieben", die, im Orient des hohen Mittelalters anonym auf Griechisch verfasst, zur Grundlage

Seite 188
Blick von der Königsmoschee auf Kuppel und Minarette der Medrese von Schah Sultan Husain. Die zarte Eleganz der gestreckten Kuppelsiluette wird noch durch die beiden kräftigen, 35 m hohen Minarette akzentuiert, die aus der dichten Vegetation Isfahans herausragen und sich inmitten der Frische verheissenden Oase gegen den rauhen Felshintergrund abheben.

für Suger wurde. „Den Kern des Werkes bildet die Idee, dass Gott Licht ist".

Aus dieser mystischen Konzeption heraus wurde der gothische Dom mit seinen hohen Fenstern, deren farbiges Glaswerk Edelsteinen gleicht, zu einem Gefäss des Lichts, einem fast mauerlosen Träger von Helligkeit.

In derselben Epoche erforschte übrigens Robert Grosseteste (1175-1230) die Beschaffenheit des Lichts und erkannte in ihm eine „Urform", in der sich die Welt zu einem Ganzen fügt. Unter dem Titel „De Luce" entwickelte er eine physikalische Lehre, die von der Geometrie ausging, um die sinnlich fassbare Welt zu definieren, in der „alle Ursachen natürlicher Wirkungen in Linien, Winkeln und Figuren ausgedrückt werden können". Dieses Licht ist also ein ganz anderes als die Erleuchtung eines Suhrawardi oder Meister Eckhart (1260-1327), für welche das Erschauen der Glückseligkeit von einem schöpferisch verstandenen Licht kommt. Immerhin schuf Grosseteste die Voraussetzung für ein wissenschaftliches Verständnis des Lichtes und leistete damit einen wertvollen Beitrag zur kulturellen Entwicklung im Mittelalter.

Ein Vergleich zwischen Orient und Okzident zeigt jedenfalls deutlich, dass in dem Denys zugeschriebenen Werk der Dom als theologisches Abbild des Neuen Jerusalem dasteht, während in der Mystik Suhrawardis und der Theosophen des Zwölfer-Schiismus die Moschee von einem Leuchten erfüllt ist, das fast jeder Teil des Bauwerks zum Träger einer symbolischen Aussage macht. Wenn der gothische Dom das Transzendentale durch seine Formen, Farben und seine Ikonographie darstellt, so entspricht auch die persische Moschee einer klaren Schau von der unkörperlichen Welt des Jenseits.

Aus einem solchen Vergleich ergeben sich sowohl Analogien als auch Unterschiede zwischen der Symbolik im Orient und im Okzident. Im christlichen Glauben erscheint die „Stadt Gottes", das künftige Jerusalem, die Stätte des Paradieses, als Befestigung mit Mauern und bewachten Toren, während sie im Zwölfer-Schiismus als friedvolle, blühende „Welt der Seelen" verstanden wird. Jene ist herrlich, diese einladend. In beiden Auffassungen jedoch finden wir den Lebensbaum, die Flüsse, also das Grün und das Wasser, und beide sind eine von der Ewigkeit und Endlosigkeit des Kosmos umfangene, gesonderte Welt. Beide werden auf einen viereckigen Grundriss übertragen, auf der Zahl 4 für die Seiten und Winkel aufgebaut, was sich auf Tschahar Bagh, die Vier Gärten bezieht, ausserdem auf der Zahl 12 der Tore der Apokalypse und des pythagoräischen Zahlensatzes, für den im Abendland die zwölf Apostel, im Morgenland die zwölf Imame stehen.

Dieser Zusammenklang einerseits zwischen christlichem Sakralbau und der Bibel, andererseits zwischen der islamischen Architektur der schiitischen Moschee und dem Koran beweist, dass beide Kulturen des Mittelalters in derselben Symbolwelt lebten; denn beide sind Erben der Philosophie Plotins und seiner „Enneaden", beide gründen auf einer komplizierten Mystik der Zahl und besitzen einen stark esoterischen Zug.

Schlusswort

So darf abschliessend gesagt werden, dass die persische Moschee mit ihrem Hof als eingeschlossenem Paradiesgarten, ihren vier Liwanen als kühlen Grotten, von deren Stalaktiten herab das Wasser wie aus einer ewigen Quelle der vier Flüsse im Garten Eden zu rieseln scheint, mit dem Himmelsgewölbe, das sich im ewigen Wasser des reinigenden Beckens wiederspiegelt und das ganze Universum in seiner kosmischen Kugel einfängt, mit ihrer Kuppel schliesslich, die dem Lebensbaum mit dichtem, Schatten spendenden, ewig frischem Laubwerk gleicht, dass diese Moschee die Stätte der Ewigkeit heraufbeschwört, wie sie von den Mystikern des schiitischen Islams erschaut wurden.

Und diese Umdeutung der Gebetsstätte kann nur dank der Polychromie der herrlichen Fayenceornamentik vollzogen werden. Aus dieser Farbsymphonie bezieht die persische Moschee einen unerschöpflichen Symbolreichtum, der vom Reichtum des Paradieses kündet.

*„Ich bin die Stadt des Wissens,
und Ali ist ihr Tor"*

Dank

Der Verfasser und Photograph des vorliegenden Werkes ist ihrer Kaiserlichen Majestät, Farah Pahlawi, Schabanu des Iran, sowie dem iranischen Ministerium für Information und Tourismus zu tiefstem Dank verpflichtet für ihre grosszügige Einladung zu mehreren Studienreisen durch den Iran in den Jahren 1969, 1970 und 1974. Durch diese Photoexpeditionen und mit Hilfe der wohlwollenden Unterstützung der Behörden von Isfahan konnte der Autor das notwendige Bildmaterial für dieses Buch zusammenstellen.

Zu besonderem Dank ist der Verfasser auch seiner Exzellenz, Herrn Mehdi Buschehri, Präsident der Iranischen Kulturstiftung in Paris, für seine vorzügliche Unterstützung verpflichtet, ebenso seiner Exzellenz Herrn Mahmud Esfandiari, Botschafter des Iran, und Herrn Djawad Haschemian, erster Sekretär der Iranischen Botschaft in Bern, für das Interesse, das sie den vorliegenden Arbeiten entgegengebracht haben.

Nicht zuletzt möchte der Autor seinen aufrichtigen Dank an Herrn Prof. Henry Corbin von der Sorbonne, Paris, richten, der die Freundlichkeit hatte, diese Studie zu überprüfen und dem Verfasser wertvolle Ratschläge und Informationen zur Vervollständigung seines Manuskripts zu geben. Ausserdem ist der Autor noch Herrn Prof. Hossein Nasr von der Universität Teheran für seine hilfreichen Hinweise zu Dank verpflichtet, wie auch Herrn Ali Mostofi in Genf, der ihm bei der Lektüre mehrerer epigraphischer Dokumente auf Persisch und Arabisch vorzügliche Hilfe geleistet hat.

Bibliographie

I. Ältere Werke

Chardin, Jean: „Voyage en Perse", Paris 1682
Coste, Pascal: „Les Monuments modernes de la Perse", Paris 1867
Daulier-Deslandes, André: „Les Beautez de la Perse", Paris 1673
Dupré, Adrien: „Voyage en Perse", Paris 1819
Flandin, Eugène: „L'Orient", Paris 1876
Flandin, Eugène und Coste, Pascal: „Voyage en Perse", Paris 1851
Gobineau, comte Joseph-Arthur de: „Trois Ans en Asie", Paris 1859
Loti, Pierre: „Vers Ispahan", Paris 1904
Morier, Jacques: „Second Voyage en Perse", Paris 1818
Olearius, Adam: „Vermehrte neue Beschreibung der muscowitischen und persischen Reyse", Schleswig 1656; Reprint 1971 bei ‚Deutsche Neudrucke'
Olivier, G. A.: „Voyage dans l'Empire Othoman, l'Egypte et la Perse", Paris im Jahre 9 (1799)
Tavernier, Jean-Baptiste: „Voyage en Perse", Paris 1692
Texier, Charles: „Description de l'Arménie, la Perse et la Mésopotamie", Paris 1842-1852
Thevenot, Jean de: „Voyages au Levant", Paris 1689

II. Moderne Werke

Ardalan, Nader und Bakhtiar, Laleh: „The Sense of Unity, The Sufi Tradition in Persian Architecture", Chicago 1973
Arseven, Celal Esad: „Les Arts décoratifs turcs", Istanbul, o.D.
Bahrami, M.: „Recherches sur les carreaux de revêtement", Paris 1937
Barthel, Gustav: „Konnte Adam schreiben? Weltgeschichte der Schrift", Köln 1972
Blunt, Wilfrid: „Ispahan, Pearl of Persia", London 1966
Burckhardt, Titus: „Alchimie, sa signification et son image du monde", Basel 1974

Burckhardt, Titus: „Vom Sufitum - Einführung in die Mystik des Islam", München 1958
Corbin, Henry: „En Islam iranien", 4 Bände, Paris 1971-1973
Corbin, Henry: „Terre céleste et Corps de résurrection, de l'Iran mazdéen à l'Iran shi'ite", Paris 1960
Gabriel, André: „Le Masdjid-é Djuma", Ars Islamica, Michigan 1935
Galdieri, E.: „Isfahan, Masgid-i-Guma", Rom 1972
Godard, André: „Athar-é Iran", Teheran, 1936, 1937 und 1949
Godard, André: „L'Art de l'Iran", Paris 1962
Grabar, Oleg: „Islamic Architecture and its Decoration (800-1500)", London 1964
Grey, Basil: „Persische Malerei", Genf 1961
Hautecœur, Louis und Wiet, Gaston: „Les mosquées du Caire", Paris 1932
Jung, Carl Gustav: „Symbole der Wandlung", Zürich 1950
Kuhnel, Ernst: „Islamische Schriftkunst", Graz 1972
Mayer, L. A.: „Islamic Architects and their Works", Genf 1958
Mazahéri, Ali: „Der Iran und seine Kunstschätze", Genf 1970
Nasr, Seyyed Hossein: „An Introduction to Islamic Cosmological Doctrines", Cambridge Mass. 1964
Nasr, Seyyed Hossein: „Islam, perspectives et réalités", Paris 1975
Öz, Tahsin: „Turkish Ceramics", Istanbul, o.D.
Pope, Arthur Upman: „Persian Architecture, The Triumph of Form and Colour", New York 1965
Pope, A. U.: „Survey of Persian Art", Band 8, 9 und 10; London 1965
Sarre, Friedrich: „Denkmäler persischer Baukunst", Berlin 1910
Seherr-Thoss, Sonia P.: „Design and Colour in Islamic Architecture", Washington 1968
Sourdel, Dominique und Janine: „La Civilisation de l'Islam classique", Paris 1968
Stierlin, Henri: „Iran der Baukünstler", Genf 1971
Suhrawardi, Shijabudin Jaija: „L'Archange empourpré", aus dem Persischen und Arabischen übertragen von Henry Corbin, Paris 1976
Vogt-Göknil, Ulya: „Mosquées et grands courants de l'architecture islamique", Paris 1975
Vogt-Göknil, Ulya: „Osmanische Türkei", Fribourg 1965
Wiet, Gaston: „Sept Mille Ans d'Art en Iran" (période islamique), Paris 1961
Wilber, Donald Newton: „The Architecture of Islamic Iran", Princeton 1955
Wilber, Donald Newton: „The Development of Mosaic Faience in Islamic Architecture", Ars islamica, Heft VI, Michigan 1939
Wilber, D. N.: „Persian Gardens and Garden Pavillons", Rutland 1962
Wulff, Hans E.: „The Traditional Crafts of Persia", Cambridge Mass. 1966
Würfel, Kurt: „Isfahan, das ist die Hälfte der Welt", Zürich 1974
Zander, Giuseppe: „Travaux de restauration de monuments historiques en Iran", Rom 1968

III. Schriften

Der Koran, übersetzt von L. Ullmann, Crefeld 1840
Die Heilige Schrift des Alten und Neuen Testaments, bearbeitet von Franz Eugen Schlachter, Genf 1975

Daten zur Baugeschichte von Isfahan

Freitagsmoschee Fundamentlegung im 10. Jh. n. Chr.
    1072 Bau der Hauptkuppel durch Nisam al-Mulk
    1088 Bau der kleinen Nordkuppel, Gunbad-i-Khaki genannt, durch Tadsch al-Mulk
    1310 Mihrab von Uldschaitu Chodabende
    1366 Anbau der Medrese an die Ostflanke der Moschee
    1377 Mihrab der Medrese
    1447 Imad ibn Mussafar führt die Mosaikornamentik am westlichen Hofportal aus
    1475 Vollendung der Mosaikornamentik an den Hofarkaden; Mitte des 16. Jh.: Schriftband am Südliwan
    1701 Wiederherstellung der Ornamentik am Westliwan

Minarett der Ali-Moschee Mitte des 12. Jh.

Darb-i-Imam Bau des Mausoleums in der Mitte des 15. Jh.

Harun Wilajat
    1513 Bau des Eingangsliwans zum Mausoleum und Herstellung seiner Ornamentik
    1521 Bau des Kuppelgewölbes

Tschahar Bagh
    1597 Vermessung und Anlage der Prachtallee

Meidan-i-Schah
    1597 Beginn der Anlage des grossen Platzes
    1611 Ausführung der Schmuckarbeiten an den Arkaden

Moschee Scheich Lotfallah
    1602 Bau des Eingangsportals vom Platz aus
    1604 Schriftband am Portal
    1616 Innenornamentik
    1618 Ausführung der Mihrabverkleidung und Abschluss der Bauarbeiten

Königsmoschee
    1612 Beginn der Bauarbeiten
    1616 Fertigstellung des Eingangsportals vom Meidan-i-Schah aus
    1625 Abschluss der Bauarbeiten am Nordliwan
    1628 Errichtung des Haupt-Mihrab
    1629 Westkuppel und -gewölbe
    1630 Westliwan und Abschluss der Schmuckarbeiten

Tschehel Sotun
    1647 Bau des Gartenpalastes

Medrese von Schah Sultan Husain, oder: Medrese der Königsmutter
    1706 Ostliwan
    1707 Kuppelgewölbe über der Eingangshalle
    1709 Portal zum Basar
    1710 Schriftbänder um das Gewölbe der Hauptkuppel
    1714 Portal zur Tschahar-Bagh-Allee

Einige Daten aus der Geschichte des Iran

VII. Jh.	622	Die Hedschra; Mohammed in Medina
	632	Tod Mohammeds
	634-651	Die Araber erobern Persien
	656-661	Kalifat Ali's
	660	Muawija Kalif in Damaskus
VIII. Jh.	714	Die Araber erobern Transoxanien
	745	Anti-arabische Predigt Abu Muslims
	747	Von Merw ausgehender Aufstand im Chorassan
	751	Die Abbasiden in Kufa
	755	Ermordung Abu Muslims
	762	Gründung von Bagdad
IX. Jh.	809	Mamum, Sohn von Harun ar-Raschid und einer Perserin, flieht ins Chorassan
	813-833	Mamum Kalif in Bagdad
	821-873	Tahir ibn Husain Begründer der Tahiriden-Dynastie im Chorassan
	840	Gründung von Samarra
	873-940	Die „kleine Verborgenheit" des Mahdi (des XII. Imam) in Samarra
	873	Safar vernichtet die Tahiriden und wählt Naischapur als Hauptstadt
	875-1005	Dynastie der Samaniden in Transoxanien und im Chorassan
	892-907	Ismail der Samanide
X. Jh.	911	Die Samaniden im Sistan
	933	Die Bujiden revoltieren gegen das Kalifat in Bagdad im Westen des Persischen Reiches
	945-1055	Dynastie der Bujiden, Herrscher über Persien und Mesopotamien
	960	Die Ghaznawiden lösen die Samaniden in Ghazna ab
	998-1186	Dynastie der Ghaznawiden
	998-1030	Mahmud von Ghazna
XI. Jh.	1032-1186	Dynastie der Seldschuken
	1033	Der Sohn Mahmuds von Ghazna in Isfahan
	1038-1063	Tugrul Beg in Naischapur, der Hauptstadt des Seldschukenreichs
	1051	Tugrul Beg erobert Isfahan
	1072	Nisam al-Mulk, Wesir von Alp Arslan, danach von Malik Schah
	1072-1092	Malik Schah
	1099-1115	Maschud III. in Ghazna
XII. Jh.	1118-1157	Sandschar Sultan von Persien
	1141	Die Mongolen in Transoxanien
	1150	Die Guriden plündern Ghazna
	1156-1215	Die Guriden herrschen in Afghanistan
	1188	Dschingis Khan vereint die Mongolei
	1194	Choresmien schlägt die Seldschuken

XIII. Jh.	1217	Mohammed von Choresmien erobert den Irak
	1220	Dschingis Khan greift Choresmien an; die Mongolen dringen in Persien ein
	1221	Tod Mohammeds, Schah von Choresmien
	1227	Tod Dschingis Khans
	1256-1265	Hulagu, il Khan von Persien
	1258	Hulagu erobert Bagdad und lässt den Kalifen Mutasim töten
	1295-1304	Der Mongole Mahmud Ghazan, Herrscher von Persien, tritt zum Islam über
XIV. Jh.	1304-1316	Uldschaitu Chodabende, Sultan in Persien
	1307	Uldschaitu gründet Soltania
	1370	Timur Lenk (Tamerlan) in Balkh
	1380	Tamerlan überquert den Oxus
	1386	Tamerlan erobert und plündert Isfahan
	1387	Tamerlan Herrscher von Persien
	1370-1502	Dynastie der Timuriden
	1399	Tamerlan nimmt Aserbeidschan ein
XV. Jh.	1405	Tod Tamerlans
	1405-1447	Schah Roch regiert in Herat
	1447-1449	Ulugh Beg in Herat
	1453-1478	Usun Hassan Anführer der Horde der Weissen Hammel
	1487-1722	Dynastie der Safawiden
	1487-1524	Ismail I. als Schah von Persien in Täbris gekrönt
	1491	Schah Ismail erobert Aserbeidschan
XVI. Jh.	1500	Schah Ismail erobert Baku
	1502	Schah Ismail erobert den Irak
	1508	Schah Ismail erobert Bagdad
	1510	Schah Ismail entreisst den Usbeken das Chorassan und wählt Kaswin als Hauptstadt
	1524-1576	Schah Tahmasp
	1524	Schah Tahmasp nimmt Georgien ein
	1534	Die Türken in Bagdad
	1587-1629	Schah Abbas I. der Grosse
	1597	Schah Abbas treibt die Usbeken hinter den Amu Darja zurück
	1598	Schah Abbas errichtet seine Hauptstadt in Isfahan
XVII. Jh.	1602	Schah Abbas erobert Aserbeidschan und Georgien
	1622	Schah Abbas erobert Ormoz von den Portugiesen zurück
	1623	Schah Abbas erobert Bagdad von den Türken zurück
	1629-1642	Schah Safi
	1638	Die Türken nehmen Bagdad wieder ein
	1642-1667	Schah Abbas II.
	1667-1694	Schah Suleiman
	1694-1722	Schah Sultan Husain, letzter Safawidenherrscher
XVIII. Jh.	1710	Aufstand der Afghanen
	1722	Isfahan wird von den Afghanen eingenommen

Glossar

Aliden, die
Anhänger Alis, des Ehegemahls der Fatima und Schwiegersohns Mohammeds; Begründer des schiitischen Zweiges des Islam

Goldasteh, das
Holzaufbau oberhalb eines Liwans

Hadith, das
nach islamischer Tradition: Ausspruch des Propheten; bei den Schiiten gehören auch die Aussprüche der Imame zur Sammlung der Hadithe

Haftrandschi, das
siebenfarbige Fayence

Hedschra, die
Beginn der Zeitrechnung im Islam, die am 16. Juli 622 n. Chr. ansetzt, als Mohammed nach Medina auszog

Hurkalja
eine der drei Stätten des Jenseits, die von den islamischen Mystikern erwähnt werden (neben: Jabarsa und Jabalka)

Imam, der
Priester des Islam; wörtliche Bedeutung: „derjenige, der voransteht" beim Gebet; innerhalb des Schiismus ist der Imam der Führer der Religionsgemeinde und Verfechter der Lehre des Propheten

Imamzadeh, der
Nachfolger des Imam, dessen Grabstätte ein viel besuchter Wallfahrtsort geworden ist

Kaf
mystischer Berg

Karawanserei, die
oft befestigte Raststätten für Karawanenzüge

Kashi, das
blau glasierte Fayencefliese, deren Herstellungsverfahren in Kaschan entwickelt wurde

Kibla, die
hintere Mauer in der Gebetshalle einer Moschee, durch die die Gebetsrichtung nach Mekka angegeben wird

Kufisch
arabischer Schrifttypus geometrischen Charakters

Malakut, das
Welt des Jenseits, Welt der Seelen

Medrese, die
Theologenschule

Mihrab, das
Nische in der Kibla

Mimbar, das
Kanzel für den Prediger in der Moschee

Molla, der
Priester oder Rechtsgelehrter in den Ländern des Islam

Muezzin, der
Gebetsausrufer

Pehlewi, die
sassanidische Schreibform im 3. bis 7. Jh. n. Chr.

Ruba'i, das
Versform in der persischen Dichtung

Sakkum
Höllenbaum in der islamischen Mystik

Sanduk, das
Grabplatte

Schah-Namé, das
Königsbücher, oder Bücher der Könige

Schiit
Anhänger des Schiismus, einer religiösen Minderheit innerhalb des Islam (im Gegensatz zum Sunnismus)

Sunnit
Anhänger des Sunnismus, d.h. der Sunna, jenes Religionszweiges des Islam, in dem der Kalif als Nachfolger des Propheten der Führer der Religionsgemeinschaft ist

Sure, die
Versfolge im Koran

Tsuluts, die
arabische Schriftform, deren Kurven in feinem Haarstrich rund auslaufen

Tuba
Baum des Paradieses, Lebensbaum der islamischen Mystik

Zikkurat, die
turmartiger Tempelbau

Zwölfer-Schiismus
Zweig des Schiismus, der sich auf den Glauben an die zwölf Imame als Nachfolger des Propheten Mohammed stützt (im Gegensatz zur Siebener-Si'a, die nur sieben Imame anerkennt)

Zwölfer-Si'a
siehe Zwölfer-Schiismus

Historisches Register

Persönlichkeiten, Autoren, Völker

A

Abbas I. der Grosse, 13, 16, 21, 25, 27, 38, 41, 44, 46, 49, 50, 52, 54, 56, 69, 72, 86, 92, 97, 102, 106, 107, 108, 115, 117, 126, 142, 146, 154, 157, 159, 160, 164, 186, 189
Abbas II., 44, 72, 74
Abbasiden, 18, 24, 117
Abd ar-Raman Khasini, 24
Abu Jakubi, 95
Abul-Nasr Hassan Bahadur (s. Usun Hassan)
Abul Musaffar Abbas Husaini Musawi Safawi Bahadur Chan (s. Schah Abbas I. der Grosse)
Abu Mansur, 21
Achämeniden, 16, 21, 95
Afghanen, 50, 152, 160
Ahmad Ahsai, Scheikh, 181, 182
Ali, 18, 21, 25, 28, 30, 61, 80, 102, 119, 126, 134, 142, 161, 169
Ali Akbar Isfahani, 85, 126, 127, 146
Aliden, 18, 102
Ali Kuhnbar al-Abarkuhi, 122
Ali Risa Abbasi, 126
Araber, 20, 129, 132
Ardalan, Nader, 39, 66
Assyrer, 95
Avicenna (Ibn Sina), 21

B

Babylonier, 95
Bakhtiar, Laleh, 39, 66
Bayle, Pierre, 24
Benjamin von Tudela, 21
Bibi Fatima, 100
al-Biruni, 21
Bujiden, 20
Burckhardt, Titus, 83
Byzantiner, 154

C

Chajjam, Omar, 21
Chardin, Jean, 50
Corbin, Henry, 25, 28, 30, 33, 36, 86, 87, 179, 181, 182, 184
Coste, Pascal, 13, 52, 54, 66, 74

D

Dareios, 89, 95
Daulier Deslandes, André, 50
Denys, Richter im Areopag, 189
Djoser, 95
Dschingis Khan, 24
Duby, Georges, 189
Dupré, Adrien, 142

E

Eckhart, Meister, 190
Elamiten, 95
Europäer, 15, 146

F

Fakhr, Sohn des al-Wahab Schirasi, 122
Farzaneh Bahram ibn Farsad, 187
Fatima, 28, 30, 102, 103, 127, 169
Firdausi, 20, 25, 117
Flandin, Eugène, 13

G

Gabriel (Engel), 127
Gafar as-Sadiq, 30
al-Gahiz, 187
al-Ghazali, 21, 28
Gobineau, Joseph Arthur, 13, 52
Godard, André, 72, 103, 105, 124, 126
Grosseteste, Robert, 190
Grousset, René, 16

H

Harun ar-Raschid, 30
Hautecœur, Louis, 117
Hulagu (Il Khan), 24
Husain, 30

I

Ibn Battuta, 97
Ibn Rusteh, 95
Ibn Sina (s. Avicenna)
Ilchane, 24, 112, 160
Il Khan (s. Hulagu)
Iranier, 28
Ismail I. der Samanide, 20, 94
Ismail, Schah, 25, 36, 44, 100, 103, 107
Ismail II., Schah, 38

J

Jabir ibn Haijan, 83
Jakut, 97
Jesus, 86
Jung, Carl Gustav, 100
Jussuf, Sohn des Tadsch ad-Din, 127

K

Kutb ad-Din Schah Mahmud, 119

L

Loti, Pierre, 13, 52, 176
Ludwig VI. von Frankreich, 189
Ludwig XIV. von Frankreich, 50

M

Mahdi (s. Muhammad al-Mahdi)
Mahmud Ghazan, 24
Mahmud von Ghazna, 20, 21
Mahommed (s. Mohammed)
Malik, Schah, 21, 28
al-Mamun, Kalif, 18, 20, 30
al-Mansur, 30
Massudi, 95
Mazahéri, Ali, 24, 100, 102, 118, 187
Mehmet I., 114
Mohammed, 28, 30, 46, 61, 80, 86, 115, 119, 124, 127, 129, 134, 142, 161, 164, 169, 182
Mohsen Faiz Kaschani, 184
Mongolen, 24, 33, 41, 112, 114, 138, 160, 161
al-Morteda b. al-Hasan al-Abbasi al-Zinabi, 124
Muhammad al-Mahdi, 33, 41
Muhammad Risa ibn Ustad, 69
Muhibb Ali, 127
Musaffariden, 41, 119

N

Nasr, Seyyed Hossein, 28, 30, 33
Nassir ad-Din at-Tussi, 24
Nisam al-Mulk, 21, 94
Nisami, 21

O

Olivier, G.A., 54
Omaijaden, 18, 117
Osiris, 187
Osmanen, 38, 54, 80, 114, 115, 154

P

Parther, 16, 95, 154, 187
Pascal, Blaise, 24
Perser, 15, 20, 28, 71, 86, 97, 103, 146, 164
Plotin, 191
Pope, Arthur Upman, 72, 106, 107, 134
Prophet, 18, 28, 30, 117, 119, 126, 129, 134, 187
Pythagoras, 86, 87

R

Reza, Imam, 100
Reza Pehlewi, Schah, 108
Roch, Schah (Schahroch), 25, 103
Römer, 154
Rudaki, 70
Rumseldschuken, 154

S

Saadi, 21
Safawiden, 16, 25, 27, 28, 36, 39, 41, 44, 46, 47, 49, 50, 52, 54, 56, 61, 87, 107, 108, 110, 115, 122, 127, 134, 138, 140, 142, 146, 150, 151, 152, 157, 159, 160, 161, 164, 172, 174, 181, 189
Safij-al-Din, Scheich, 25
Saijed Mahmud, 41
Samaniden, 20
Sarkar Agha, Scheikh, 182
Sarre, Friedrich, 72
Sassaniden, 16, 18, 20, 21, 46, 72, 95, 154, 187
Schahroch (s. Schah Roch)
Scham, Sohn des Tadsch, 122
Scham ad-Din, Ustad, 124
Seldschuken, 16, 21, 24, 28, 33, 36, 41, 44, 46, 54, 72, 94, 110, 112, 114, 137, 138, 146, 157, 160, 161
Suger von St. Denis, Abt, 189, 190
Suhrawardi, Schijabudin Jaija, 36, 87, 179, 181, 187, 189, 190
Süleiman der Grosse, Sultan, 114
Sultan Husain, Schah, 28, 33, 134, 138, 152, 157, 159, 172

T

Tabari, 179
Tadsch al-Mulk, 94
Tahmasp, Schah, 36, 38, 44, 127
Tamerlan (s. Timur Lenk, der Lahme), 41
Tavernier, Jean Baptiste, 50, 54
Timur Lenk (Tamerlan), 24, 103
Timuriden, 21, 25, 33, 36, 41, 44, 103, 107, 112, 114, 139, 161
Torricelli, Evangelista, 24
Tugrul Beg, 21
Türken, 21, 38

U

Uldschaitu Chodabende, 24, 25, 61, 102, 103, 112, 160
Ulugh Beg, 25
Usbeken, 38
Usun Hassan, 25, 33, 36, 124

V

Valle, Pietro della, 61
Vasarély, Victor, 160
Vogt-Göknil, Ulya, 80

W

Wiet, Gaston, 20, 21, 24, 25, 38, 117
Wilber, Donald, 95
Wulff, Hans, 95

X

Xerxes, 89

Geographisches Register

A

Abendland, 15, 38, 50, 61, 69, 115, 142, 189, 191
Afghanistan, 20, 114
Ägypten, 54, 76, 187
Alborz, 181
Al-Kufa (siehe Kufa)
Amu Darja (ehem. Oxus)
Anatolien, 114, 124, 154
Arabien, 21, 187
Ardebil, 25
Armenien, 25, 38
Aserbeidschan, 18, 25, 38

B

Bagdad, 16, 18, 20, 24, 30, 38, 94, 95, 97, 100, 102, 112, 189
  Haus der Weisheit, 20
Balkh, 18, 24, 38
Birgi, 97
Bosporus, 114
Buchara, 18, 20, 21, 94, 97, 102, 112, 117, 189
Bursa, 114, 115
  Jeschil Türbe, 114

C

China, 21, 59
Chorassan, 18, 20, 28, 30, 38, 94
Choresmien, 18, 24
Cordoba, 78

D

Damaskus, 18, 78
Dscham, 18

E

Ekbatana (heute: Hamadan), 16
Eden, 169, 184, 187, 192
Edirne, 115
Euphrat, 38, 46, 186
Europa, 28, 33, 38, 66, 69

F

Farsistan, 20
Firusabad, 72

G

Georgien, 38
Ghazna, 20, 21
Gorgan, 92
  Gumbat-i-Kabus, 92

H

Hamadan (ehem. Ekbatana), 21
Herat, 18, 38, 103, 114, 117, 139
Hurkalja, 112, 179, 181, 182

I

Indien, 114
Indus, 184
Ionien, 89
Irak, 16, 18, 97, 102
Iran, 13, 15, 16, 18, 20, 21, 25, 33, 36, 46, 61, 71, 80, 87, 89, 100, 102, 114, 117, 124, 134, 149, 150, 154, 158, 178
Isfahan, 13, 14, 15, 16, 18, 21, 24, 25, 27, 28, 36, 38, 39, 41, 44, 46, 47, 49, 50, 52, 54, 56, 59, 61, 66, 69, 71, 72, 74, 86, 89, 94, 97, 102, 103, 106, 108, 126, 127, 146, 149, 150, 152, 160, 161, 176, 179, 181, 184, 186, 187, 189
  Ali Kapu, Torpalast, 21, 27, 39, 44, 89
  Allahwerdi-Chan-Brücke, 39, 46, 72
  Basar, 16, 39, 41, 44, 56, 58, 69, 70
  Chadschu-Brücke, 39, 44, 72
  Darb-i-Imam, Mausoleum, 36
  Freitagsmoschee oder Masdschid-i-Dschuma, 16, 21, 24, 25, 27, 28, 30, 33, 36, 39, 41, 54, 76, 112, 120, 122, 124, 127, 134, 138, 139, 140, 146, 147, 150, 152, 160
  Gunbad-i-Khaki, Nordkuppel der Freitagsmoschee, 30, 150
  Harun Wilajat, Mausoleum, 16, 27, 44, 49
  Hasar Dscherib, Gartenpalast, 41, 46
  Hescht Bihischt, Pavillon, 67
  Königsmoschee oder Masdschid-i-Schah, 16, 21, 27, 38, 39, 41, 44, 49, 56, 66, 67, 74, 76, 80, 82, 83, 85, 86, 87, 89, 92, 97, 100, 103, 105, 107, 108, 110, 112, 115, 117, 119, 120, 122, 124, 126, 129, 132, 134, 138, 140, 142, 144, 146, 147, 149, 150, 152, 154, 157, 158, 159, 160, 164, 176, 178, 182, 184
  Medrese von Schah Sultan Husain, oder der Königsmutter, 27, 120, 140, 152, 154, 157, 158, 159, 160, 161, 164, 167, 169, 172, 174, 176, 181, 182, 184
  Meidan-i-Chadim, Platz, 27, 39, 44
  Meidan-i-Schah, der grosse Platz, 21, 27, 38, 39, 44, 51, 52, 66, 67, 69, 76, 85, 89, 126, 142, 146, 164, 176
  Minarett des Ali, 16, 27, 44, 95, 119, 137
  Moschee des Ali, 27, 39
  Moschee Scheich Lotfallah, 16, 27, 38, 39, 44, 51, 52, 54, 56, 61, 64, 67, 69, 80, 120, 126, 142, 150, 154, 172
  Naqsch-i-Dschahan, Platz, 44
  Quaisariyeh, Basar, 27, 39, 41
  Tschahar Bagh, Prachtallee, 27, 39, 41, 46, 152, 167, 182, 186, 191
  Tschahar Bagh Allee von Chadschu, 39, 44
  Tschehel Sotun oder Vierzigsäulen-Palast, 27, 74
Istanbul, 80, 114, 115
  Blaue Moschee (Sultan Ahmet), 80
  Çinili Kösk, 114
  Hagia Sophia, 154
Iznik (ehem. Nicäa), 114
  Jeschil Camii, 114

J

Jabalka, 179
Jabarsa, 179

Jerusalem, 126, 127, 189, 190
Moschee Al-Aksa, 126, 127
Jesd, 56

K

Kabul, 20
Kabulistan, 18
Kaf (Berg), 179, 181
Kairo, 78, 100, 117
Ibn Tulun, Moschee, 78
Kairuan, 78, 100
Kaschan, 97, 100, 114, 115, 117
Kaspi-See, 24
Kaswin, 16, 24, 36, 41
Kerman, 182
Khorsabad, 95
Kosrau, 92
Ktesiphon, 16, 20, 46, 72, 92, 118
Kufa, 30, 118

L

Laristan, 38
Lissabon, 38

M

Madrid, 61
Plaza Mayor, 61
Malakut, 179, 181, 182
Maragha, 16, 24
Maschad Ali, 97
Mekka, 44, 67, 74, 78, 85, 127, 129, 142
Kaaba, 44, 140
Merw, 18, 30
Meschhed (heute: Nedschet), 16, 38, 97, 100, 115
Mesopotamien, 16, 18, 25, 38, 46, 124
Mittlerer Orient (Osten), 18, 95, 97, 114, 115, 187
Moskau, 38

N

Nain, 94
Naischapur, 16, 108
Nicäa (heute: Iznik)
Nordafrika, 100
Nordindien, 114

O

Okzident, 189, 190
Orient, 54, 176, 189, 190
Oxus (heute: Amu Darja), 24

P

Paradies, 46, 97, 110, 112, 115, 161, 169, 172, 176, 178, 179, 181, 182, 184, 186, 187, 189, 190, 192
Paris, 50, 52, 54, 61
Champs-Elysées, 41
Place des Vosges, 61
Place de la Concorde, 61
Place de l'Étoile, 61
Saint-Denis, 189
Pasargadä, 16
Persepolis, 16, 89
Apadana, 89
Persien, 13, 15, 16, 18, 20, 21, 24, 25, 36, 46, 50, 52, 54, 56, 59, 66, 69, 78, 80, 87, 89, 92, 95, 102, 110, 114, 115, 117, 146, 154, 157, 182, 189
Persischer Golf, 18, 38
Prag, 38

Q

Qum, 100, 103

R

Raiy, 108
Rom, 16, 38, 61
Piazza Navone, 61

S

Sahara, 176
Sakkara, 95
Sakkum (Baum), 182
Samarkand, 18, 108
Samarra, 33, 78
Sarvistan, 72
Schiras, 16, 20, 117, 184
Senda-Rud-Fluss, 39, 41, 54, 72
Sinai, 179
Soltania, 16, 24, 102, 112
Susa, 16, 95, 108
Syrien, 21

T

Täbris, 16, 24, 25, 36, 97, 103, 114, 117
Blaue Moschee, 25, 103
Tanger, 97
Teheran, 28
Tigris, 16, 46, 186
Transoxanien, 18, 20, 21
Tschoga Zanbil, 92
Tuba (Baum), 181
Türkei, 38, 56, 114
Tus, 16, 33

U

Uchaidir, 94

V

Valladolid, 38
Vorderer Orient, 24

Z

Zagros-Gebirge, 16
Zentralasien, 110

Verzeichnis der Bildtafeln

Isfahan	17
Meidan-i-Schah	22-23
Freitagsmoschee	29, 32, 34-35, 37, 40, 42-43
Minarett des Ali	17, 45
Mausoleum Harun Wilajat	45, 48
Moschee Scheich Lotfallah	53, 55, 57, 60, 62-63, 65, 68, 81
Brücken in Isfahan	73
Tschehel Sotun	75
Königsmoschee	81, 84, 90, 91, 93, 96, 98-99, 101, 104, 109, 111, 113, 116, 121, 123, 125, 128, 130-131, 133, 136, 141, 143, 145
Fayenceherstellung	148
Medrese von Schah Sultan Husain, oder: der Königsmutter	153, 155, 156, 162-163, 165, 168, 170-171, 173, 175, 177, 180, 185, 188

Sämtliche Farbphotos wurden vom Verfasser des Werkes hergestellt mit Hilfe folgender photographischer Ausrüstung: Haselblad 2 Gehäuse, Optik 50, 80 und 250 mm; Nikon 2 Gehäuse FT I, Optik 20, 35, 105 und 200 mm; Leica M 3, Optik 35 und 135 mm, mit Visoflex für 400 mm. Es wurden die Filme Kodachrome II, Ektachrom Professional und Ektachrom High Speed verwendet.

Tafel der Pläne, Aufrisse und Skizzen im Text

Landkarte des Mittleren Orients	19
Stadtplan von Isfahan	26-27
Grundriss der Freitagsmoschee	31
Wiederherstellung des Stadtplans von Isfahan	39
Grundriss der Moschee Scheich Lotfallah	51
Optische Bezugsebenen	59
Grundriss des Pavillons Hescht Bihischt	67
Die Massverhältnisse im Zentralhof der Königsmoschee	76
Grundriss der Königsmoschee	77
Aufbau der Raumelemente eines Moscheenhofes	79
Kreuzförmiger Aufriss zum Westliwan der Königsmoschee	83
Gewölbeplan der Liwane in der Königsmoschee	87
Querschnitt des Südliwans der Königsmoschee	135
Axonometrie der Königsmoschee	144
Gewölbestrukturen der Freitagsmoschee	147
Die Form der Trompe zur Seldschukenzeit	151
Grundriss der Medrese von Schah Sultan Husain	166-167
Querschnitt des Eingangsportals der Medrese von Schah Sultan Husain	183

Quellennachweis der Pläne und Zeichnungen

Die Aufrisse und Pläne, die eigens für das vorliegende Werk von dem Architekten José Conesa neu gezeichnet wurden, haben wir aus folgenden Veröffentlichungen entlehnt:

Coste, Pascal: „Les Monuments modernes de la Perse", Paris 1867, für Grundriss und Schnitt der Königsmoschee und der Medrese von Schah Sultan Husain

Schroeder, Eric: „Architectural Survey", American Institute for Persian Art and Archeology, 1931, für den Grundriss der Freitagsmoschee

Zander, Giuseppe: „Ismeo", 1938, für den Grundriss der Moschee Scheich Lotfallah

Ardalan, Nader und Bakhtiar, Laleh: „The Sense of Unity", Chicago 1973, für den Stadtplan von Isfahan

Sämtliche Pläne, Axonometrien und Zeichnungen zum Text wurden eigens für das vorliegende Werk angefertigt.

Inhaltsverzeichnis

Städte als Sinnbilder
Vorwort von Henry Corbin

Einleitung — 13

Kapitel I
Die islamische Kultur im Iran — 15
  Zum Verständnis von Isfahan — 15
  Die Hauptstädte in der Geschichte Persiens — 16
  Die Wiedergeburt der persischen Welt — 18
  Die Religion des Zwölfer-Schiismus im Iran — 28
  Das Goldene Zeitalter der Safawiden — 36
  Die Entstehung des neuen Isfahan — 41

Kapitel II
Die persische Stadtplanung — 49
  Erste Berührung mit Isfahan — 49
  Eine Gartenstadt — 54
  Der Basar, Hauptader der Stadt — 56
  Raum und Fläche im persischen Stadtplan — 58
  Das Raumerlebnis — 66

Kapitel III
Struktur und Raumgefüge der persischen Moschee — 71
  Die Hofmoschee — 71
  Ein origineller Grundriss — 72
  Symbolik der räumlichen Struktur — 78
  Mathematische Überlegungen — 85

Kapitel IV
Vom Ziegel zur persischen Ornamentik — 89
  Das traditionelle Baumaterial — 89
  Vorteile in der Verwendung des Ziegels — 89
  Die ersten Schmuckelemente — 92
  Das Aufkommen der Farbe — 94
  Die Polychromie in der Architektur — 95
  Blüte der Lüsterfayence — 97
  Die blau-grüne Farbe — 100

Das Fayencemosaik	102
Herstellungsverfahren	103
Die farbigen Fliesen	106
Die geometrischen Motive	108
Die Pflanzenmotive	112
Der persische Stil von Indien bis Anatolien	114
Das Problem des Bilderschmucks	115
Die Bauinschriften	118
Die Rolle der Epigraphie	119
Die Rolle der historischen Inschrift	122
Religiöse Propaganda	127

Kapitel V

Struktur und Dekor — 137
    Die Beziehung der Ornamentik zur Architektur — 137
    Die Rolle der Symmetrie — 142
    Standort und Masstab der Betrachtung — 149
    Von der Trompe zum Stalaktiten- und Rautenwerk — 150
    Die Stilentwicklung gegen Ende der Safawiden-Dynastie — 157

Kapitel VI

Die Moschee als Abbild des Paradieses — 161
    Transzendentale Symbolik — 161
    Die Rolle des eingeschlossenen Gartens — 164
    Der Liwan als Grotte — 174
    Die Kuppel als Baum mit grüner Blattkrone — 176
    Die Welt der Smaragd-Städte — 178
    Der Baum Tuba — 181
    Die symbolische Bedeutung des Spiegels — 182
    Die vier Paradiesgärten des Koran — 184
    Ursprung und Symbolik der grünen Farbe — 187
    Die Mystiker des Lichtes im Orient und Okzident — 189

Schlusswort — 192

Bibliographie — 195
Zeittafeln — 197
Glossar — 200
Register — 201
Verzeichnis der Bildtafeln — 205
Tafel der Pläne, Aufrisse und Skizzen im Text — 206
Inhaltsverzeichnis — 207